FACULTÉ DE DROIT DE PARIS.

THÈSE

POUR

LE DOCTORAT

SOUTENUE

PAR Félix BOUCHOT,

Avocat à la Cour Impériale.

PARIS,

CHARLES DE MOURGUES FRÈRES, SUCCESSEURS DE VINCHON,

Imprimeurs-Éditeurs de la Faculté de Droit de Paris,

RUE JEAN-JACQUES ROUSSEAU, 8

—

1866

DE LA PUISSANCE PATERNELLE

EN DROIT ROMAIN ET EN DROIT FRANÇAIS.

THÈSE
POUR LE DOCTORAT

SOUTENUE

le mercredi 7 février 1866, à 2 heures,

Par Félix BOUCHOT,

AVOCAT A LA COUR IMPÉRIALE,

En présence de M. l'inspecteur général Ch. GIRAUD.

Président : M. BONNIER, Professeur.

Suffragants :
MM. VUATRIN,
DURANTON,
LABBÉ,
Professeurs.
BUFNOIR,
Agrégé.

Le Candidat répondra aux questions qui lui seront faites sur les autres matières de l'enseignement.

PARIS,

CHARLES DE MOURGUES FRÈRES, SUCCESSEURS DE VINCHON,
IMPRIMEURS-ÉDITEURS DE LA FACULTÉ DE DROIT DE PARIS,
Rue J.-J. Rousseau, 8.

1866.

A MON PÈRE, A MA MÈRE.

A MON ONCLE.

DROIT ROMAIN.

DE LA PUISSANCE PATERNELLE.

INTRODUCTION.

« *Jus potestatis, quod in liberos habemus, proprium*
« *est civium romanorum; nulli enim alii sunt homines,*
« *qui talem in liberos habeant potestatem qualem nos*
« *habemus.* »

Voilà ce que nous disent les jurisconsultes romains.
Justinien (1) nous le répète après Gaius (2), et dans
la loi 3, au Dig., de his qui sui vel alieni, nous retrouvons encore la même idée. Cette puissance, cette *potestas*
avait à Rome un caractère tout particulier, et elle est

---

(1) Inst., lib. 1, tit. 9, § 2.
(2) Gaius, comm. 1, § 55.

un des traits les plus caractéristiques de la législation romaine.

A quoi donc rapporter cette organisation toute spéciale aux Romains, si enracinée chez eux que nous verrons plus tard avec quelle peine, avec quels regrets, ils s'en détachèrent? Nous ne pensons pas qu'il faille aller bien loin. La politique avait été le premier fondement de la famille romaine. C'est à Romulus lui-même que les historiens font remonter l'organisation de la puissance paternelle. Sortie d'un milieu sauvage, elle en prit la forme sauvage. Un besoin impérieux de force et d'unité, des dangers continuels, les circonstances les plus critiques donnèrent à la constitution romaine l'organisation la plus dure et la plus serrée, mais qui était parfaitement en harmonie avec l'esprit d'un peuple encore violent et grossier. Les progrès de la civilisation, des tendances plus ou moins libérales amèneront dans la société romaine des modifications et des adoucissements à la condition du fils de famille ; mais nous trouverons toujours des rapports excessivement étroits entre le père et le fils ; nous verrons toujours l'esprit de ce peuple chez qui la politique était tout, et dans le sein duquel la famille ne devait être que le reflet de l'État. Ce n'est pas ici le cas d'examiner jusqu'à quel point le système romain a été bon. Nous reconnaissons volontiers que les bons fils font les bons citoyens; mais aller jusqu'où l'on allait à Rome, substituer toujours l'intérêt public à l'intérêt privé, ce sont là des questions que nous n'avons ni le temps, ni les moyens de discuter.

Les lois de Romulus et les lois des Douze-Tables nous présentent la puissance paternelle comme le pouvoir le plus absolu, le plus arbitraire, le plus tyrannique, et Denys d'Halycarnasse nous dit que Romulus accorda, pour ainsi dire, tout pouvoir au père sur son fils, et cela pendant toute sa vie, soit qu'il voulût le jeter en prison, le frapper de verges ou le retenir enchaîné, soit qu'il voulût le tuer (1). C'est là certes un pouvoir monstrueux, exorbitant ; ce n'est plus une puissance adoucie par l'idée de protection, c'est le pouvoir du maître sur sa chose, et Cujas a pu dire : *Legé Romuli liberos patribus subjectos esse servorum vice.* De plus cette puissance ne s'arrêtait pas à la personne ; elle s'étendait même sur les biens. Le *filiusfamilias* n'avait pas plus de patrimoine que le *servus*.

Gardons-nous cependant de croire à une complète assimilation. D'abord la puissance dominicale est du droit des gens ; la puissance paternelle est du droit civil. En second lieu la puissance paternelle est une magistrature domestique, exclusive de l'idée de propriété et de possession sur la personne du fils ; l'esclave au contraire est la propriété de son maître, et l'on peut dire, dans la rigueur des termes, qu'il est possédé par lui.

Les mots dont on se servait pour exprimer les droits du père et ceux du maître correspondaient à la différence qui vient d'être indiquée. Le mot *potestas* servait à désigner la puissance dominicale, tout aussi bien que la puissance paternelle ; mais le mot *dominium* ne pouvait convenir qu'au droit du maître.

Ajoutons que la *patria potestas* ne se transmettait pas

---

(1) Denys d'Halycarnasse, liv. 2, § 26, 27.

de la même façon que la *potestas dominica*. Le père qui voulait transmettre sa puissance à un tiers, était obligé de lui donner son fils en adoption ; s'il s'était servi de la vente, il aurait conféré à l'acheteur la *mancipium ;* en d'autres termes, la puissance paternelle eût été convertie en un autre droit tout-à-fait différent. La vente, au contraire, faisait passer la puissance dominicale de la tête du maître sur la tête de celui auquel l'esclave était vendu.

Dans les rapports soit du fils, soit de l'esclave avec les tiers, la personnalité de l'un et de l'autre se confondait en principe avec celle du père ou du maître. Cette confusion s'appliquait, dans ses conséquences, aux actes entre vifs, spécialement en matière de stipulation ; mais elle n'avait pas lieu dans les legs. En pareille matière, la personnalité de l'esclave se détachait nettement de celle de son maître, tout aussi bien que la personnalité du fils se distinguait de celle de son père. Et c'est là précisément ce qui démontre l'erreur dans laquelle tombent ceux qui considèrent d'une manière absolue l'esclave comme une chose.

Mais si dans les rapports avec les tiers la personnalité du fils se confondait avec celle du père, il n'en était pas de même de sa capacité. Tandis, en effet, que l'esclave est obligé d'emprunter à son maître la capacité qui lui manque, le fils est investi d'une capacité qui lui est propre : c'est ce qui explique notamment pourquoi le fils peut se porter *adstipulator*, alors que l'esclave ne le peut pas. C'est ce qui explique aussi pourquoi le fils s'oblige civilement, non pas seulement par ses délits, mais encore par ses contrats, et pour quelle raison il peut être, à cause de ses engagements, poursuivi avant même d'être devenu *sui juris*. Il en est tout autrement de l'esclave. Il ne peut se servir de sa capacité d'emprunt que pour obliger les tiers envers son maître ; il ne peut point en user pour obliger son maître envers les tiers, si ce n'est en vertu des actions *adjectitiæ qualitatis*. Il ne peut pas non plus s'obliger civilement envers les personnes avec lesquelles il contracte ; il ne le peut qu'en vertu de ses délits, et encore faut-il, pour qu'il puisse être poursuivi, qu'il soit devenu libre ; en attendant, les tiers n'ont action que contre le maître et noxalement.

Nous diviserons notre étude sur la puissance paternelle en trois parties. Dans la première partie, nous déterminerons comment naît cette puissance, sur qui et par qui elle est exercée ; dans la seconde, nous en dirons les attributs ; et enfin, dans la troisième partie, nous en étudierons les causes d'extinction.

TITRE I.

Trois causes différentes donnaient, à Rome, naissance à la puissance paternelle : 1° les justes noces ;
2° la légitimation ; 3° l'adoption.

1° *Les justes noces.* — Disons immédiatement que
tout mariage ne donnait pas la puissance paternelle ; il
n'y avait que celui que les Romains appelaient *justæ
nuptiæ* ou *matrimonium.*

Nous n'avons pas à examiner ici les questions qui
pourraient s'élever sur les conditions de validité du mariage romain ; sur les faits et les consentements qui
servaient à le former ; comme aussi sur les conditions
dans lesquelles un enfant sera censé avoir été conçu
pendant le mariage et appartenir au mari de la mère :
cette étude nous entraînerait dans des limites en dehors
de notre travail.

Le *principium* du titre *De patria potestate*, aux Inst.,
dit que nous avons sous notre puissance les enfants issus
du mariage. Le § 3 du même titre est plus complet : il
nous dit que l'enfant qui naît de vous et de votre épouse
est sous votre puissance, de même que celui qui naît de
votre fils et de sa femme : celui qui naît de votre fille

n'est pas sous votre puissance, il est sous la puissance
de son père. Ainsi le chef de famille réunit sous sa puissance tous ses descendants par les mâles. La famille
s'augmentait de toutes les naissances survenues de mâle
en mâle. Quant aux filles, en se mariant, elles ne sor-
taient pas toujours, il est vrai, de leur famille paternelle, mais leurs enfants n'entraient jamais dans cette
famille ; ils étaient au pouvoir de leur père ou du chef
de famille à qui leur père était soumis, et non au pouvoir de leur aïeul maternel.

Celui qui étant encore fils de famille s'est marié et a
eu des enfants, n'acquérait pas sur eux la puissance paternelle. Ce ne sera qu'à la mort du père que ceux qui
étaient sous sa puissance immédiate deviendront *sui
juris*, et acquerront la puissance paternelle sur tous
leurs enfants et descendants, qui sont encore dans la
famille. C'est ce que nous dit la Loi 5, *De his qui sui vel
alieni*, D.

« *Nepotes ex filio, mortuo avo, recidere solent in filii*
« *potestatem, hoc est patris sui; simili modo et prone-*
« *potes et deinceps, vel in filii potestatem, si vivit et in*
« *familia mansit, vel in ejus parentis, qui ante eos in*
« *potestate est.* »

Le résultat est le même si la puissance paternelle a
pris fin par une autre cause que la mort. « *Si qua pœna*
« *pater fuerit affectus, ut vel civitatem amittat, vel ser-*
« *vus pœnæ efficiatur : sine dubio nepos filii loco succe-*
« *dit. (1)* »

____

(1) D., loi 7, *De his qui sui vel alieni.*

Mais il faut, pour que cet effet se produise, que la puissance paternelle cesse en même temps par la même cause et sur le fils et sur les petits-fils ou autres descendants. Si le fils a été émancipé seul, sans ses enfants, tous les liens qui existaient entre lui et ses enfants sont rompus. Il ne reprendrait pas la puissance sur eux, alors même qu'avant la mort de l'aïeul il reviendrait dans la famille par une adrogation. « *Si pater filium, ex quo* « *nepos illi est in potestate, emancipaverit, et postea eum* « *adoptaverit, mortuo eo, nepos in patris non revertitur* « *potestatem. Nec is nepos in patris revertitur potestatem,* « *quem avus retinuerit filio dato in adoptionem, quem* « *denuo redadoptavit* (1). »

Si le *concubinatus*, mariage d'un ordre secondaire, ne produisait pas la puissance paternelle, ce n'était pas que le père n'aurait pu établir sa relation de paternité avec l'enfant; il n'en était rien ; mais aucun texte de loi n'avait attaché au *concubinat* l'effet de produire la *patria potestas*, et de la loi découlaient tous les droits.

Par la même raison, le *stuprum* simple ne produisait pas la puissance paternelle, mais ici la relation de parenté entre le père et l'enfant ne pouvait pas être prouvée. Nous en dirons autant de l'adultère, de l'inceste et du *contubernium*.

Les *justæ nuptiæ* étaient donc le seul événement qui, précédant la naissance, produisit la puissance paternelle. Mais, à l'inverse, plusieurs événements pouvaient, après la naissance, donner lieu à cette puissance paternelle, qui ne s'était pas encore produite sur l'enfant.

____

(1) D., loi 4, *De adoptionibus*.

2° *La légitimation.* — Le mot légitimation exprime qu'un homme acquiert la puissance paternelle sur son enfant, quelques instants après la naissance de celui-ci. Les enfants deviennent après coup légitimes (1). Au fond, les modes de légitimation en usage pendant une grande partie de la durée du droit romain, ne sont que des modes de naturalisation avec effet rétroactif, quant à la puissance paternelle. Ces modes se rattachaient aux droits de cité et à la législation sur les affranchis latins ; ils devaient donc tomber avec cette législation.

Gaius (2) nous dit quels sont ces modes :

1° *Causæ probatio.* — Elle avait lieu pour l'affranchi latin qui avait pris une femme, déclarant devant témoins qu'il la prenait dans le but d'en avoir des enfants. Lorsqu'il avait eu un fils ou une fille, il pouvait, dès que cet enfant était âgé d'un an, se présenter devant le préteur ou le président, prouver le motif pour lequel il s'était uni à la mère, et dès lors, de Latin qu'il était, il devenait citoyen romain, et acquérait la puissance paternelle sur son enfant, qui devenait légitime.

2° *Erroris causæ probatio.* — Ce mode avait lieu pour le citoyen romain qui, par erreur, avait épousé une affranchie latine, une étrangère, ou réciproquement : il pouvait, lorsqu'il était né des enfants de cette union, prouver la cause de l'erreur ; l'union devenait justes noces et le père acquérait la puissance paternelle.

Il y avait aussi le rescrit impérial de naturalisation,

---

(1) Gaius, comm. i, § 65.
(2) Gaius, comm. i, § 29, 30.

pourvu que l'empereur expliquât formellement sa volonté de faire acquérir à l'étranger la puissance paternelle.

Ces trois modes de légitimation disparurent lorsque Caracalla supprima les pérégrins, et lorsque Justinien supprima les Latins Juniens. C'est alors que nous voyons apparaître le mot légitimation dans un sens plus rapproché de notre sens moderne. Mais observons que l'on ne pouvait légitimer que les enfants issus d'un concubinat, et non les *spurii*, puisqu'ils n'avaient pas de père connu aux yeux de la loi, car, au fond, le but principal de la légitimation fut toujours l'acquisition de la puissance paternelle.

Les Institutes (1) mentionnent deux modes de légitimation :

1° *Oblation à la Curie*. — D'abord un honneur pour celui qui l'exerçait, le titre de curial ne fit que devenir un fardeau de plus en plus onéreux. Aussi, en compensation de toutes les charges qui pesaient sur les curiaux, les empereurs furent forcés d'y attacher plusieurs prérogatives, et au nombre de ces prérogatives était la légitimation d'un enfant par l'oblation à la curie : le père devait en outre lui constituer une somme convenable. Il n'était pas nécessaire que le père fût déjà curial : mais jusqu'à Justinien on exigea que cet homme n'eût pas d'enfants légitimes. Cette légitimation n'avait aucun effet par rapport aux parents du père.

2° *Légitimation par mariage subséquent*. — Elle a lieu lorsqu'un homme, ayant des enfants d'une concubine,

(1) Inst., lib. i, tit. 10, § 13.

épouse cette dernière et transforme le concubinat en justes noces. Due à Constantin, en 335 ap. J.-C., elle fut modifiée par Zénon, en 476, qui déclara que cette légitimation ne pourrait s'appliquer qu'aux enfants naturels déjà existant lors de la publication de sa loi et nés d'une concubine ingénue (1). Justinien (2) la rétablit en principe général.

Cette légitimation était soumise à trois conditions : 1° il fallait que le mariage des père et mère eût été possible au moment de la conception ; 2° qu'on rédigeât des *instrumenta dotalia*, constatant la constitution d'une dot, ou des *instrumenta nuptialia* constatant le mariage (3); 3° enfin il fallait le consentement de l'enfant (4).

Justinien, dans la Novelle 74, introduisit la légitimation par rescrit. Il fallait obtenir de l'empereur un rescrit permettant la légitimation. Mais il fallait aussi que le mariage fût devenu impossible, par exemple, à cause de la mort de la mère, enfin le père devait ne pas avoir d'enfant légitime.

Il y a encore la légitimation par testament. On suppose qu'il n'y a pas d'enfant légitime et que le père naturel est mort ; mais dans son testament il a exprimé le désir que l'enfant naturel fût légitimé : il faudra obtenir le rescrit de l'empereur : ce sera l'enfant naturel qui le demandera en invoquant le testament (5).

---

(1) C., loi 5, *De naturalibus liberis.*
(2) C., loi 10, *Eod. tit.*
(3) D., loi 11, *De his qui sui vel alieni.*
(4) Nov. 89.
(5) Nov. 74, ch. 2, sect. 1.

L'adoption avait été, d'après une constitution d'Anastase, un moyen de légitimer les enfants naturels ; mais Justin abrogea cette constitution et Justinien confirma cette abrogation (1) ;

3° *L'adoption.* —Les enfants adoptifs sont la troisième classe de personnes sur laquelle on peut avoir la puissance paternelle.

L'adoption chez les Romains était très-fréquente : ils tenaient à ce que les *sacra privata* ne s'éteignissent pas ; il en était de même de leur nom.

Sans entrer dans les questions auxquelles peuvent donner lieu les conditions, les formes de l'adoption, nous nous contenterons de dire qu'on distinguait deux sortes d'adoption :

1° L'adrogation ou l'adoption des personnes *sui juris*, qui se faisait primitivement par une loi des comices par curies, et, sous l'empire, par un rescrit du prince ;

2° L'adoption proprement dite, ou adoption des personnes *alieni juris :* le père faisait une ou trois ventes de son fils ou de sa fille (2) pour éteindre sa puissance paternelle : ces ventes étaient suivies d'une remancipation du fils au père et d'une *in jure cessio* dans laquelle le père jouait le rôle de défendeur muet. Sous Justinien il suffisait d'un simple acte passé devant le magistrat.

Avant Justinien ces deux modes d'adoption produisaient un même effet, celui de faire entrer l'adopté dans la famille de l'adoptant, absolument comme s'il avait été son enfant, et de le soumettre à sa *patria potestas.* Mais

---

(1) C., lois 6 et 7, *De naturalibus liberis.*
(2) Une seule vente suffisait s'il s'agissait d'une fille.

Justinien apporta une exception à cette règle. Remarquant que l'enfant donné en adoption quittait sa famille naturelle pour entrer dans une famille à laquelle il ne tenait que par des liens civils, et dont il se trouvait souvent détaché plus tard, cet empereur décida qu'un père de famille ne pourrait donner son enfant en adoption qu'à l'un des parents de cet enfant, par exemple à son ascendant maternel ou à tout autre ascendant sous la puissance duquel il ne se trouvait pas. Faite avec tout autre adoptant, l'adoption ne produisait plus la puissance paternelle ; elle créait seulement au profit de l'enfant des droits de succession *ab intestat* vis-à-vis de son père adoptif, et le laissait sous la *patria potestas* de son père naturel.

Tels étaient les modes d'acquisition de la puissance paternelle. Déterminons maintenant à quelles conditions on pouvait être *pater familias*.

Il fallait d'abord être libre. Un esclave n'aurait pas pu avoir la puissance paternelle, ni les autres droits qui composaient la famille. Les enfants de l'esclave ne lui appartenaient pas : ils étaient comme lui-même la chose de son maître, et ce maître avait sur eux, non pas la puissance paternelle qu'il aurait exercée à la place de l'esclave leur père, mais la puissance dominicale. La qualité d'ingénu n'était pas nécessaire. Il suffisait qu'on eût acquis la liberté et que l'événement par lequel on disait avoir acquis la puissance paternelle ne se fût pas produit avant l'affranchissement.

Nous avons dit plus haut que l'organisation de la famille à Rome avait eu pour première origine une pensée politique. Aussi ne nous étonnerons-nous pas de voir que pour pouvoir prétendre à la puissance paternelle, il fallait avoir le titre de citoyen. C'est ainsi que le Latin Junien, esclave, à qui l'affranchissement, par suite de certaines circonstances, n'avait donné que le droit dont jouissait le Latin primitif, ne pouvait avoir la *patria potestas*. En effet, il n'avait pas en principe le *connubium*, il était incapable de contracter les *justæ nuptiæ*; il ne pouvait donc pas avoir ce qui était la conséquence de ces *justæ nuptiæ*. Mais nous avons dit plus haut comment il pouvait l'acquérir après coup, par la *causæ probatio*. Ajoutons que les Latins Juniens arrivaient plus facilement que d'autres à la qualité de citoyen romain.

Quant aux déditices et aux affranchis qui y étaient assimilés, leur position était beaucoup plus dure; ils ne pouvaient jamais obtenir le titre de citoyen romain, et partant ils n'acquéraient jamais la *patria potestas*. Enfin le pérégrin, celui qui n'avait reçu aucun des avantages du droit civil, n'avait aucun titre à cette puissance. Réci-proquement, la *patria potestas* ne pouvait pas non plus exister sur les personnes que nous venons de mentionner. Ainsi, un citoyen romain épousant une Latine Junienne, n'avait pas la puissance paternelle sur l'enfant qui en naissait, car il n'y avait pas *justæ nuptiæ*; l'enfant sui-vait donc la condition de sa mère, et il n'était soumis à la *patria potestas* que s'il obtenait le titre de citoyen romain.

Ce fut par la concession de plus en plus fréquente du titre de citoyen romain que les bénéfices de la *patria potestas* s'étendirent peu à peu et se communiquèrent aux personnes à qui le défaut du droit de cité en refu-sait les conséquences. Lorsque la constitution de Caracalla eut accordé le titre de citoyen romain à tous les sujets de l'empire ; lorsque Justinien eut aboli les diverses classes d'affranchis, une grande extension fut donnée au titre de citoyen romain et par cela même à la puissance paternelle.

Le sexe était la troisième condition pour avoir la *patria potestas*. La puissance paternelle n'appartenait jamais aux femmes en droit romain, tandis que c'est une des gloires de notre droit que d'avoir initié la femme à l'exercice de cette puissance. Elle en a la plupart des attributions. Supposons une femme née *sui juris*, par exemple une fille posthume. Cette femme née d'un homme *sui juris* sera aussi *sui juris*. Elle est tout à la fois, comme le dit Ulpien : *Caput atque finis familiæ suæ* (1). En effet, son père mort, elle ne fait pas partie de la famille de son père, et si elle se marie, ses enfants seront de la famille de leur père.

L'expression *patria potestas* est donc beaucoup plus exacte en droit romain qu'en droit français, car chez nous on range sous ces mots bon nombre d'attributions qui sont communes à la mère aussi bien qu'au père.

Enfin la dernière condition était d'être *sui juris ; pater familias* et *alieni juris* étaient deux idées incompatibles et destructives l'une de l'autre.

---

(1) D., *De verborum signif.*, loi 195, § 5.

TITRE II.

Des attributs de la puissance paternelle.

Les deux traits généraux de la famille romaine sont d'une part, quant à la personne de l'enfant, le droit le plus absolu chez le père, droit de vie et de mort, droit de vente, droit d'imposer à l'enfant tous les services qu'il lui plaît, le tout réuni dans ce texte restitué de la loi des Douze-Tables : *Endoliberis jus vitæ necisque venumdan dique potestas ei esto*. D'autre part, quant aux biens, l'attribution au père de famille de tous les biens et de tous les droits qui adviennent à l'enfant, attribution complète, absolue, donnant au père le droit de disposition non-seulement le plus entier, mais encore le plus arbitraire.

Dans un premier chapitre, nous étudierons la puissance paternelle quant à la personne du fils; dans un second chapitre nous l'étudierons quant aux biens.

CHAPITRE 1.

EFFETS DE LA PUISSANCE PATERNELLE QUANT A LA PERSONNE DE L'ENFANT.

Nous avons dit que le père avait un pouvoir absolu sur la personne de son enfant. Ce pouvoir se compose de trois éléments. Le père peut mettre à mort, vendre ou abandonner noxalement l'enfant soumis à sa puissance. Étudions en détail chacun de ses droits. Mais à côté de ces droits il en est d'autres qui semblent plus exister dans l'intérêt du fils que du père, mais qui n'en sont pas moins des conséquences directes de la puissance paternelle. Nous en parlerons sous une rubrique générale : « *Du droit de puissance dans l'intérêt du fils.* »

SECTION I.

Droit de vie et de mort.

Ce droit, écrit dans laloi des Douze-Tables, et qui remontait à Romulus lui-même, au dire de Denys d'Halycarnasse, n'était pas une lettre morte dans la législation romaine ; c'était bien un droit vivant, et bon nombre de textes montrent qu'un tel pouvoir existait entre les mains du père. C'est ainsi que nous trouvons la loi *Julia de adulteriis* permettant au père de tuer sa fille surprise en adultère, et son complice avec elle (1). Enfin deux autres textes établissent encore l'existence de ce droit d'une manière générale : ce sont la loi 11, D., *De liberis et posthumis*, « *Nec obstat quod licet eos, quod et occidere licebat,* » et la loi 10, C., *de Patr. pot.* « *Patribus quibus jus vitæ in liberos necisque potestas erat permissa.* » Non-seulement les textes, mais l'histoire encore

----

(1) *Collatio legum Romanarum et mosaïcarum,* 4, 2, 3.

ne nous montre que trop souvent des exemples de l'application de ce droit. Qui ne se rappelle le sort des fils de Brutus, la triste mort du fils de Manlius Torquatus ? Ce ne sont là que les plus célèbres exemples de la sévérité paternelle, et combien d'autres encore nous citent les historiens les plus dignes de foi!

Il ne faut pas croire que ce droit exorbitant de vie et de mort sur les enfants n'ait été contemporain que des premiers temps de Rome, et qu'il ne trouvait sa raison d'être que dans la barbarie de l'époque. Non! Pendant les siècles mêmes que les Romains revendiquaient comme les plus glorieux de leur histoire, pendant toute la république ce droit subsista. Il est vrai qu'au dire de Denys d'Halycarnasse (1), Romulus obligeait à élever tous les enfants mâles et les aînées des filles, et qu'il défendit de tuer aucun enfant au-dessous de trois ans, si ce n'est en cas de difformité constatée par cinq témoins : en pareil cas on devait l'exposer aussitôt après la naissance. La restriction même apportée à cette prohibition de tuer les enfants au-dessous de trois ans, montre suffisamment quelle était la pensée de Romulus. L'humanité n'y était pour rien, il n'y avait que la pensée politique de peupler la ville. Au reste cette restriction tomba en désuétude, et il n'en est plus trace lors de la loi des Douze-Tables, qui non-seulement permirent, mais ordonnèrent d'exposer l'enfant.

Il faut aller jusqu'à l'Empire, et même jusqu'au second siècle de l'Empire, pour trouver la première mesure

---

(1) *Archæologia*, 2-15.

législative en faveur de l'enfant. C'est à Trajan que revient l'honneur d'avoir le premier tempéré le pouvoir exorbitant du père. Un fragment du Digeste (1) nous apprend que Trajan contraignit un père à libérer son fils de sa puissance, parce qu'il l'avait traité inhumainement, et lui refuse les droits de succession comme *parens manumissor*. De même Adrien (2) condamna à la déportation un père qui, à la chasse, avait tué son fils, bien que ce dernier fût coupable d'adultère avec sa belle-mère, et il donne pour motif : « *Latronis magis quam patris jure eum interfecit.* » Remarquons bien qu'on ne refuse pas encore au père le droit de tuer son fils ; on ne punit que l'abus. Mais les décisions n'en sont pas moins remarquables, à cause de la voie de réforme qu'elles ouvrent et des améliorations qu'elles font présager. L'innovation d'Adrien surtout doit nous frapper davantage, car le crime du père avait une excuse dans le crime du fils : mais dit Marcien : « *Patria potestas in pietate non in atrocitate consistere debet.* » Pensée consolante et réparatrice de toute la cruauté passée ! Nous touchons enfin au moment où le pouvoir du père ne sera plus comme jadis despotique, arbitraire, souvent même sanglant.

Au commencement du iiie siècle, Ulpien, brisant le principe écrit dans la loi des Douze-Tables, s'exprime ainsi : (3) « *Inauditum filium pater occidere non potest*

---

(1) D., loi 5, *Si a parente...*
(2) D., loi 5, *De lege Pompeia.*
(3) D., loi 2, *Ad legem Corneliam.*

sed accusare eum apud præfectum præsidemve provinciæ
debet. » Voilà donc la puissance du père entravée ! Au
fond son droit subsiste, mais règlementé dans la forme.
Le fils n'est plus exposé à périr victime de la colère, de
la violence ou de la rancune paternelle. Le magistrat est
là pour le protéger et le défendre. C'est à peu près à la
mème époque qu'Alexandre Sévère (1), en **228**, rendait une
constitution qui posait expressément les limites du droit
de correction du père : il ne peut adresser à son fils des
châtiments un peu graves qu'en s'adressant au magistrat.
Valère et Galien (2) consacrent le même principe ; Constantin (3) porte enfin le dernier coup au droit de vie et de
mort du père, en punissant de la peine de parricide
celui qui tue son fils, comme celui qui tue son père.

Un droit tout-à-fait spécial est le droit pour le père de
tuer sa fille adultère et le complice de celle-ci. Le texte le
plus complet que nous ayons sur cette matière est de
Paul, tiré de la *Collatio legum romanarum ac mosaïca-*
rum (4) « *Secundo vero capite (lex Julia adulteriis) permit-*
« *tit patri, si in filia sua, quam in potestate habet, ut in ea*
« *quæ eo auctore, cum in potestate esset, viro in manum*
« *convenerit adulterum domi suæ generive sui deprehen-*
« *derit, isque in eam rem socrum adhibuerit, ut is pater*
« *eum adulterum sive fraude occidat, ita ut filiam in*
« *continenti occidat.*

Trois conditions sont donc nécessaires : 1° la fille doit

---

(1) C., loi 3, *De patria pot.....*
(2) C., loi 4, *Eod. tit.*
(3) C., lex unica, *De his qui parentes vel liberos occiderunt.*
(4) *Paulus libro singulari et titulo de adulteriis,* 3.

être sous la puissance du père, ou si elle est *in manu,*
il faut qu'elle soit passée directement de sa puissance
sous celle du mari : nul autre que le chef de famille
n'aura le même droit (1). 2° Il faut que l'adultère soit
commis dans la maison même du père ou du gendre ; la
faute de la femme mérite d'autant plus d'être punie,
qu'elle est plus grave. 3° Il fallait encore que le père eût
donné la mort au moment même du délit, aux deux coupables (2). Papinien (3) nous apprend que cette règle
avait été introduite dans un sentiment d'humanité pour
le complice, afin d'arrêter le bras du père par l'affection
qu'il aura pour sa fille, ou bien afin de montrer qu'il
n'a agi que par un sentiment de justice : « *Ut videatur
majore æquitate ductus, cum nec filiæ pepercerit.* »

D'où vient ce droit pour le père de tuer sa fille adultère ? Papinien (4) nous dit bien que ce droit n'a été
accordé qu'au père, et non au mari, dont on a craint
l'emportement. Nous reconnaissons volontiers que l'intention du législateur a été, en partie, de donner une
sanction nouvelle au principe que l'offensé ne saurait
être le vengeur de l'offense, parce que la passion et la
violence peuvent se mêler au châtiment. Mais nous
voyons aussi, et surtout dans le texte de la *Collatio legum mosaïcarum,* où les mots *potestas* et *auctor* sont si
soigneusement répétés, les hautaines prétentions de la
puissance paternelle à Rome, toujours dominante, tou-

---

(1) D., lois **20, 21,** *Ad legem Juliam., de adulteriis.*
(2) D., loi **23,** *Eod. tit.*
(3) Papinien, *Ex collat. leg. Rom. et mosaïc.,* ch. 4, tit. **8.**
(4) D., loi **22,** § 4, *Ad leg. Juliam., de adulteriis.*

jours suprême après comme avant le mariage de la fille, gardant ses droits, dût-elle même ne pas s'en servir, comme une arme en réserve, se substituant à celle de l'époux ou plutôt l'usurpant, sans que même vienne le soupçon que, chez le père, la tendresse suspende le coup que le ressentiment du mari aurait peut-être précipité.

Une application monstreuse qu'on fit du droit de vie et de mort fut celle de l'exposition des enfants. Aucune peine, aucune répression n'existait contre un crime aussi odieux, et qui devint un instant tellement fréquent que c'était la plaie de l'empire romain. Certes des voix éloquentes, telles que celles de Tertullien, de Lactance avaient élevé des cris d'indignation contre un tel usage ; mais il faut le dire, à regret, là où une loi ne réprime pas, l'abus existe presque toujours. C'est à Constantin que revient encore la gloire d'avoir le premier remédié à cet odieux usage. En 315 d'abord, puis en 322, il ordonna à ses officiers de prendre sur le trésor pour assurer des secours aux parents pauvres qui ne pourraient pas élever leurs enfants. Il fit plus, il voulut exciter l'intérêt de ceux qui recueilleraient l'enfant, en accordant au nourricier de l'enfant un droit inébranlable sur lui; et pour l'élever à titre d'enfant ou de *mancipium*, le père nourricier n'avait qu'à faire une déclaration dans un acte dressé devant des témoins et signé par l'évêque du lieu.

Certes, ce sont là d'heureuses et belles innovations, dignes du grand esprit de Constantin : mais il n'y a encore aucune peine qui soit prononcée. On tâche d'éviter le mal ; mais il n'est pas encore puni : ce ne fut que l'empereur Valentinien, en 374, qui déclara passible de la peine de mort celui qui essayerait de faire mourir un jeune enfant (1), et, parlant de l'exposition, le même empereur (2) dit que celui qui en sera l'auteur, sera soumis à la peine établie par la loi : « *Quod si sobolem suam exponendam putaverit, animadversioni quæ constituta est subjacebit.* » Si l'exposition avait amené la mort, la loi de Constantin (3) s'appliquait : la constitution de Valentinien visait le cas, où il n'y avait eu qu'exposition, sans que mort s'ensuivit.

Quelle que fût la peine infligée au père coupable, quelque heureuses que fussent les innovations de Constantin, bien que l'enfant exposé et recueilli n'eût pas une condition bien terrible, puisqu'il était un *mancipio*, chez celui qui l'avait élevé, c'était cependant déroger à ce vieux principe de droit romain que la liberté ne pouvait pas se perdre par des moyens autres que ceux prévus par la loi ; et cette pensée de Paul (4), « *homo enim liber nullo pretio æstimatur* » était tout-à-fait méconnue. Devons-nous en blâmer Constantin ? Non. Entre deux maux, il a choisi le moindre. Il a peut-être violé un principe ; mais cette violation même était un bienfait, à tel point que les enfants recueillis à la suite d'une exposition et élevés à titre de *mancipium* devinrent tellement nombreux que leur nombre engagea Théodose à modifier la loi de Constantin. Cet empereur décida que l'enfant recueilli

---

(1) C., loi 8, *Ad legem Corneliam., de sicariis.*
(2) C , loi 2, *De infantibus expositis.*
(3) C., Lex unica, *De his qui parentes vel liberos occiderunt.*
(4) Sent. Paul., lib. v, tit. 1, § 1.

pourrait toujours recouvrer sa liberté, sans même être obligé d'indemniser son nourricier. Mais cette loi montra que les populations étaient plus guidées par un sentiment d'intérêt que d'humanité, et tous les inconvénients reparurent comme avant Constantin, dont Valentinien fut forcé de faire revivre la loi. Toutefois, Justinien (1) croyant les populations assez mûres pour comprendre ce qu'il y avait de généreux dans la décision de Théodose, la remit en vigueur, et posa des règles, d'après lesquelles l'enfant serait toujours libre et ne pourrait jamais être *mancipium*, soit qu'on l'ait élevé d'abord à titre d'enfant, soit qu'on lui eût dès le commencement assigné une condition quasi-servile. Il ne sera jamais permis à celui qui l'a recueilli et élevé, de se présenter comme ayant fait une œuvre d'intérêt et ayant entrepris une spéculation : *Ne videantur quasi mercimonio contracto ita pietatis officium gerere.*

Avant de passer au droit de vente, disons un mot d'un droit usité chez les Romains, mais qui cependant n'était pas reconnu par la loi. Nous voulons parler de *l'abdicatio*. C'était aussi un mode de correction, et voilà pourquoi nous en parlons en même temps que du droit de vie et de mort, qui en définitive n'est pas autre chose que le droit de correction, poussé jusque dans ses derniers retranchements.

Un seul texte (2) nous parle de *l'abdicatio*, et encore est-ce pour nous dire qu'elle n'a jamais été approuvée

---

(1) C., lois 3, 4, *De infantibus expositis.* — Nov. 153.
(2) C., loi 9, *De patr. pot.*

par les lois : « *Abdicatio quœ Grœco more ad alienandos*
« *liberos usurpabatur et* ἀποκήρυξις *dicebatur, Romanis*
« *legibus non comprobatur.* » Cependant l'usage avait
consacré ce que la loi n'avait pas admis.

Les témoignages historiques ne nous permettent pas
de douter que *l'abdicatio* ne fût pratiquée. Ainsi Valère
Maxime (1) nous représente un père jugeant son fils
accusé de prévarication et s'exprimant ainsi : « *Republica
et domo mea indignum meum filium judico, protinusque
e conspectu meo abire jubeo.* »

L'*abdicatio* faisait du fils un *alienus*, et un de ses
principaux effets était de priver le fils de la succession
de son père. C'est là du moins l'avis de Cujas (2), qui
disait que l'*abdicatio* emportait par elle-même privation
de la succession paternelle, et qu'il faut interpréter par
les mœurs et les idées communes du peuple une institution introduite tout entière par les mœurs. A Rome,
comme partout ailleurs, la succession entre le père et
ses enfants est considérée comme dérivant d'une société
entre eux : le mot *heres suus* montre à lui seul combien
cette idée était innée chez les Romains. Aussi n'est-il
pas étonnant de penser que, par suite de la rupture
même de la copropriété entre le père et le fils chassé de
la maison paternelle, le titre ordinaire à la succession
devait ne plus exister : aussi cela fait-il dire à Cujas :
Suitas destructa est.

L'*abdicatio* avait quelques rapports avec l'*exhere-
datio*; car toutes deux privent le fils de la succession de

---

(1) Valère Maxime, lib. v, tit. 8, § 3.
(2) Cujas, comm. in. tit. 46, lib. 47, édit. Neap, tome IX, c. 1307.

son père; mais il y a aussi des différences (1). L'abdication se faisant entre vifs d'une manière quelconque, tandis que l'exhérédation ne pouvait se faire que dans un testament en règle ; celle-ci ne produisait des effets qu'à la mort du père : les effets de l'*abdicatio,* au contraire, étaient immédiats, et, en outre, ils étaient beaucoup plus étendus que ceux de l'exhérédation : celle-ci ne portait que sur la succession du père; l'abdication, au contraire, détruisait tous les rapports de parenté et tous les droits attachés à la cognation par les mœurs et les lois, tels que le *jus sepulcri,* le *jus oculi* et autres.

Quant au caractère essentiellement correctionnel de l'*abdicatio,* il nous est attesté à chaque page de Quintilien, qui l'appelle *fulmen istud patrum, ira domestica, adbicationis emendatio,* et qui nous apprend qu'elle pouvait se faire de deux manières : *abdicationum formœ sunt duœ, altera criminis perfecti, ut, si abdicetur raptor, adulter : altera velut pendentis, et adhuc in conditione positi; quales sunt, in quibus abdicatur filius, quia non paret patri* (2).

SECTION II.

Droit de vente.

Ce sont les textes mêmes qui ont consacré en faveur du père le droit de vie et de mort sur son enfant,

---

(1) Cujas, comm. in tit. 46, lib. 47, édit. Neap., tome ix, c. 1309.
(2) Quintilien, Inst., *Orat.,* lib. 7, 4, 27. Edit. Tauchnitz.

qui ont aussi consacré le droit de vente. Denys d'Halycarnasse le fait également remonter à Romulus, et nous le
voyons écrit dans la loi des Douze-Tables, à deux reprises
différentes. *Endo liberis jus vitœ necis venumdandique
potestas ei esto. — Si pater filium venumdedit, filius a
patre liber esto.*

Gaius (1) nous dit que la vente des enfants se faisait
par la mancipation ou vente solennelle *per œs et libram*.
Cette vente plaçait le fils dans un état tout-à-fait spécial :
il était *in mancipio*. Les effets de cette puissance étaient,
en général, d'assimiler le mancipé à peu près à un esclave, dans la famille : « *Servorum loco constituitur*,(2) »
— « *nam et is servi loco est,* » mais de le laisser libre dans
l'ordre public. Le *mancipium* n'enlevait pas la liberté ;
il ne préjudiciait pas à l'ingénuité. Aussi Constantin (3)
nous dit-il : « *Libertati a majoribus tantum impensum
est, ut patribus, quibus jus vitœ in liberos, necisque potestas olim erat permissa libertatem eripere non liceret.* »
Le *mancipium* était un état de fait qui suspendait bien
l'exercice des droits, mais qui n'en faisait pas perdre la
capacité ; ils restaient intacts en eux-mêmes et étaient
recouvrés dans leur intégrité à la cessation du *mancipium*.

Le *mancipium* finissait, en général, par les mêmes
modes que l'esclavage : par la vindicte, le cens, le testament (4) ; mais ni la loi *Ælia Sentia*, relative à l'âge du

---

(1) Gaius, comm. i, § 117 et s.
(2) Gaius, comm. i, § 123 ; comm. iii, § 114.
(3) C., loi 10, *De patr. pot*.
(4) Gaius, comm. i, § 138.

manumissor et de l'affranchi (1), ni la loi *Furia Caninia*, qui limitait le nombre des affranchissements, ne s'appliquaient ici. Rappelons-nous aussi cette règle bien remarquable, que tous les cinq ans, à chaque recensement des citoyens, tous ceux qui se trouvaient ainsi *in mancipio* pouvaient se faire affranchir, malgré la volonté du maître, en se faisant inscrire sur les livres du cens (2), excepté, nous dit Gaius, lorsque le père avait stipulé que son fils lui serait remancipé ou que la mancipation n'avait été faite que comme abandon noxal (3).

On voit donc combien le mancipé était dans une position meilleure que l'esclave. Gaius nous dit aussi qu'il était plus protégé que l'esclave contre les mauvais traitements. Il était défendu de le maltraiter outre mesure, sous peine d'être poursuivi par l'action d'injure (4).

Des liens analogues à ceux qui existaient entre le patron et l'affranchi existaient entre le mancipé et son maître, c'est-à-dire que le maître venait à la place des agnats après les héritiers siens, et ce ne fut que plus tard que le préteur lui préféra d'autres parents du mancipé affranchi, par la *bonorum possessio unde decem personæ* (5).

Aucune restriction du droit de vente ne fut, pendant bien longtemps, écrite dans la loi; mais nous trouvons

---

(1) Gaius, comm. i, § 139.

(2) Gaius, comm. i, § 140.

(3) *Nam hunc pro pecunia habet,* nous dit Gaius, pour nous donner le motif de cette dernière exception.

(4) Gaius, comm. i, § 141.

(5) Inst., lib. 3, tit. 9, § 3.

des indications sur les limites mises par les mœurs à ce droit. Gaius nous dit (1) : *Plerumque solum et a parentibus et a coemptionatoribus mancipantur, cum velint parentes coemptionatoresque suo jure eas personas dimittere.* Sous Justinien, le *mancipium,* déjà peu usité à l'époque de Gaius, est complétement tombé en désuétude, et il n'en est plus aucunement question dans les compilations de ce prince, même pour l'abroger. Paul (2), dans ses *Sentences,* indiquait déjà une restriction au droit de vente, et n'admettait cette faculté que dans le cas d'une extrême misère.

Au temps de Dioclétien, la conscience publique avait progressé, et cet empereur crut le moment venu où la vente des enfants pouvait être complétement abolie. « *Liberos a parentibus neque venditionis neque donationis titulo, neque pignoris jure, aut alio quolibet modo, nec sub prætextu ignorantiæ accipientis in alium transferri posse manifestissimi juris est* (3). »

Les esprits n'étaient pas encore à la hauteur de cette loi, et alors l'exposition, qui sévissait toujours, devint de plus en plus fréquente. Aussi Constantin (4) se vit-il forcé de rapporter la loi de Dioclétien : et il permit la vente des enfants, mais dans une hypothèse tout-à-fait restreinte, en cas d'extrême misère et au moment même de leur naissance. Toutefois le père pouvait toujours délivrer son enfant, en donnant la valeur que peut valoir

---

(1) Gaius, comm. i, § 118 a.
(2) Sent. Paul., lib, 5, tit. 1, § 1.
(3) C., loi 1, *De patribus quis filios suos distraxerunt.*
(4) Loi 2, *Eod. tit.*

cet enfant, ou en fournissant un autre *mancipium* à sa place. La même faculté sera accordée à l'enfant et même à toute personne qui voudra en user. Hors ces cas, la vente est défendue.

Justinien accepta ce droit établi par Constantin, et en insérant sa Constitution au Code, il la fit précéder de celle de Dioclétien, qui posait en principe général la défense de la vente des enfants.

Si le père pouvait vendre son fils, s'il pouvait pour ainsi dire faire le commerce de sa personne, à plus forte raison devait-il pouvoir en tirer un profit moins grand et moins exorbitant. Aussi le père a-t-il toujours eu à Rome le pouvoir le plus large pour employer son fils aux travaux qu'il lui plaisait de lui imposer. Jamais ce pouvoir ne fut réglementé par la loi. C'était certes une des fonctions les plus usuelles et les plus importantes de la puissance paternelle, et dont les applications de chaque moment aux choses les plus légères et les plus graves, devaient le plus échapper à la réglementation du législateur.

Le père avait encore le droit de louer les services de ses enfants ; c'était pour ainsi dire une vente partielle : *operæ eorum locari possunt*, nous dit Paul (1). C'est le seul texte qui nous parle de ce droit attaché à la puissance paternelle. Il n'était pas non plus réglementé ; on s'en rapportait au père et à sa tendresse. Mais ces services duraient autant que le droit du père, c'est-à-dire pendant toute sa vie. Quelle chaîne pour le fils qui se

---

(1) Sent. Pauli, lib. 5, tit. 1, *in fine*.

voyait attaché pour toujours peut-être à des travaux contraires à ses goûts, à ses idées, à ses facultés !

SECTION III.

Abandon noxal.

Le fils de famille a commis un délit ; le tiers, victime du délit, s'en prend au père, qui a le choix de payer une peine pécuniaire ou d'abandonner son fils (1).

L'abandon noxal se faisait de la même manière que la vente, par une mancipation, et l'enfant donné en noxe était *in mancipio*. Gaius nous dit qu'il y avait controverse entre les Sabiniens et les Proculéiens pour savoir combien on devait faire de mancipations. Les Proculéiens en exigeaient trois ; sans cela, disent-ils, la puissance paternelle existe toujours. Les Sabiniens n'en exigeaient qu'une, parce que la loi des Douze-Tables ne s'appliquait qu'aux mancipations volontaires (2). Nous avons montré plus haut comment l'enfant abandonné en noxe différait de celui qui avait été vendu ; nous avons vu qu'il ne pouvait pas se faire affranchir *censu*, malgré son maître. La position était donc encore plus dure que s'il avait été vendu. L'abandon noxal dura cependant plus longtemps que la vente ordinaire, Du temps de Gaius il était en plein usage (3). « *Erat enim iniquum*, dit

____

(1) Gaius, comm. i, § 140.
(2) Gaius, comm. iv, § 79.
(3) Gaius, comm. iv, § 75.

« ce jurisconsulte, *nequitiam eorum ultra ipsorum corpora*
« *parentibus dominisve damnosam esse.* » Nous retrouvons
bien là cette puissance paternelle égoïste, toute dans
l'intérêt du père. Le législateur ne voit qu'une chose, le
père, par suite d'un délit, pourrait être lésé. N'y a-t-il
pas là le fils, cause même du délit, qui peut le réparer?
Le père est tenu *propter rem ;* il sera libéré en livrant la
chose. Peu importe l'immoralité, le danger, les conséquences funestes d'un pareil système! Le droit de puissance du père est sauvegardé et cela suffit au législateur
romain!

Ce ne sera que Justinien (1) qui fera disparaître de la
législation romaine l'abandon noxal, qui n'était qu'un
abus de puissance à l'égard du fils, mais qui était un
scandale pour les filles, et quels que fussent les inconvénients qui pouvaient résulter de ce nouveau système, ils
étaient encore moins grands (2) que ceux qui résultaient
de ce droit exorbitant du père sur la personne de ses enfants.

Un droit non moins rigoureux et dont les conséquences pouvaient être encore plus funestes pour l'enfant, était la mise en gage du fils. Chez un peuple aux
yeux duquel l'argent avait une aussi grande importance,
on comprend facilement combien un enfant mis en gage
chez le créancier de son père était exposé à des vexations
et à des inquiétudes de toute sorte. Aussi ce droit du père

---

(1) Inst., lib. 4, tit. 8, § 7.

(2) Il en résultait que le père était tout-à-fait irresponsable des faits de ses
enfants, et il ne restait à la partie lésée que la poursuite, souvent illusoire ou
indéfiniment différée, de l'enfant lui-même pour ses délits.

fut-il un des premiers écarté. A une époque même où la vente et l'abandon noxal étaient tolérés, la mise en gage, au contraire, était interdite, et le père coupable était puni. « *Idem liberi nec pignori ab his aut fiduciæ dari pos-* « *sunt, ex quo facto sciens creditor deportatur* (1). » Nous trouvons au Digeste la même décision, sauf que la relégation remplace la déportation (2); le père n'est donc plus privé du droit de cité. Enfin, outre les textes du Code (3), Justinien, dans la Nov. 137, ch. 7, renouvelle la prohibition, mais en modifiant la peine. Le créancier qui reçoit sciemment un enfant en gage, avec ou sans un droit à ses services, perd sa créance; il doit de plus rendre à l'enfant et à ses parents la même somme, sans préjudice des peines corporelles qui lui seront infligées par le juge du lieu.

SECTION IV.

Droit de puissance dans l'intérêt du fils.

Nous venons de voir quels droits exorbitants le père puisait dans la puissance paternelle. Nous allons parler maintenant d'un droit auquel une certaine idée de protection vis-à-vis de l'enfant n'est peut-être pas complétement étrangère. Nous voulons parler du consentement du père au mariage. Toutefois, gardons-nous de croire

---

(1) Sent. Pauli, lib. 5, tit. 1, § 1.
(2) D., loi 5, *Quæ res pignori.*
(3) C., loi 1, *De patribus qui liberos....* — c. loi 6, *Quæ res pignori.*

que ce soit là la seule pensée qui ait fait exiger le consentement paternel. On peut à peu près affirmer que le caractère désintéressé de la puissance paternelle, que cette magnifique doctrine moderne, qui ne voit dans un père qu'un guide et un protecteur et non pas un maître, a été complétement inconnue aux Romains. Il n'appartenait qu'au christianisme de montrer aux pères les graves obligations qui leur incombaient, et de leur dire que s'ils avaient des droits, il avaient aussi des devoirs.

Les Romains, même dans le cas qui nous occupe, étaient dominés, au moins dans le principe, par la pensée du pouvoir absolu du père, du droit entier de gouvernement et de disposition qu'il avait sur la famille, du contrôle suprême qu'il devait exercer sur tous les membres et sur tout ce qui pouvait l'augmenter ou la diminuer.

Justinien nous dit aux Institutes (1) : « *Dum tamen, si filiifamilias sint, consensum habeant parentium, quorum in potestate sunt; nam hoc fieri debere et civilis et naturalis ratio suadet, in tantum ut jussum parentis prœcedere debeat.* »

Ce n'est pas là le seul texte qui consacre le droit du père. Il y en a beaucoup d'autres (2), et aucun ne le limite, si ce n'est une loi *Julia*, sous Auguste (3), qui défendait au père de vouer son enfant à un célibat absolu; il pouvait être forcé de le marier par les prési-

---

(1) Inst., lib. 1, tit. 10, pr.

(2) Ulp. Reg., tit. 5, § 2.—Sent. Pauli. lib. 2, tit. 19, § 2.—D., lois 2-35, *De ritu nuptiarum*.

(3) L. 19, *De ritu nuptiarum*.

dents des provinces et par les proconsuls, et la loi *Julia* s'entendait très-largement. *Prohibere autem videtur, ei qui conditionem non quærit.*

Les femmes, chez les Romains, nous le savons, n'avaient aucun attribut de la puissance paternelle : les enfants n'avaient même pas, lorsqu'ils se mariaient, besoin de demander le consentement de leur mère. Au Bas-Empire, Honorius (1) donne une nouvelle règle. La fille *sui juris*, et mineure de 25 ans, a besoin pour se marier du consentement de certaines personnes : voilà l'idée du droit français : si son père est mort, elle a besoin du consentement de sa mère ; si sa mère est morte, la justice intervient.

La personne qui veut se marier a son père et son grand-père paternel ; elle est sous la puissance de cet aïeul, et son père est *filius familias :* elle a besoin du consentement de son aïeul, qui a la puissance paternelle. Mais faut-il aussi le consentement du père ? Chez les Romains on distinguait (2). S'agit-il du futur ? Celui-ci a besoin du consentement de son aïeul et de son père. S'agit-il de la future ? Le consentement de l'aïeul est seul nécessaire.

Cette distinction est amenée par la règle de droit : *Nemini invito heres suus agnascit.* Pour la fille, ce motif là n'existait pas, car ses enfants ne devaient jamais retomber sous la puissance de leur aïeul maternel.

Aucune forme, aucune solennité n'était exigée pour le consentement du père, lequel pouvait fort bien être

---

(1) C., loi 20, *De nuptiis.*
(2) D., loi 16, § 1, *De ritu nuptiarum.*

tacite (1). « *Si nuptiis pater tuus consensit, non oberit tibi, quod instrumento ad matrimonium pertinenti non subscripsit.* »

Il y a certains cas où le mariage est valable, bien que le père n'y ait pas consenti.

1° Nous avons déjà parlé du cas où le père voudrait condamner son fils à un célibat absolu. Si le père refuse son consentement d'une manière systématique, la justice intervient, et le mariage peut avoir lieu malgré l'opposition de l'ascendant. Les parents étaient obligés de doter leurs enfants.

2° Le père est en démence, *furiosus*. Il est incapable de consentir, les enfants peuvent-ils se marier? Il y avait divergence entre les auteurs pour le fils. Quant à la fille on avait admis facilement qu'elle pouvait se marier sans consentement. Quant au fils, on hésitait davantage, toujours parce qu'on donnait ainsi au père de nouveaux héritiers siens sans sa volonté.

Le *furiosus* est dans un état habituel de démence, le *mente captus* dans un état habituel d'imbécilité. L'état du *furiosus* est essentiellement interruptif : il a des intervalles lucides, l'état du *mente captus* est essentiellement continu. S'agit-il du *mente captus?* La question était déjà tranchée dans l'ancien droit; le mariage du fils ou de la fille était possible, sans le consentement du *mente captus.*

Mais supposons le père *furiosus.* On distingue suivant

---

(1) C , loi 2, *De nuptiis.*

qu'il s'agit du mariage du fils ou de la fille. Pour la fille, le consentement du père *furiosus* n'est pas nécessaire : pour le fils, il y avait divergence. Certains jurisconsultes soutenaient qu'il fallait s'en tenir aux principes : d'autres voulaient la même décision que pour le fils du *mente captus*. Justinien ne distingue plus entre le *mente captus* et le *furiosus*. Le consentement n'est plus nécessaire, le mariage aura lieu suivant la règle tracée dans sa constitution. Le consentement sera donné en présence des plus proches parents et du curateur du père. A Constantinople, le consentement est donné par le préfet de la ville, ailleurs par le président de la province ou par l'évêque (1).

3° Le père est retenu captif chez l'ennemi. Le fils laissé à Rome peut-il se marier? Le père est incapable pour le moment ; mais s'il revient, il invoque le *postliminium*, et il se trouve n'avoir jamais perdu la puissance paternelle sur son fils.

Du temps des jurisconsultes, le fils pouvait se marier pendant la captivité de son père. La seule condition exigée, c'était qu'il le fît dans des circonstances telles que le père eût vraisemblablement donné son consentement, s'il avait été présent (2). Sous le Bas-Empire, une innovation législative vint décider que le fils du captif ne pourrait, pour son mariage, se passer du consentement paternel que s'il s'était écoulé trois ans depuis le commencement de la captivité. Les compilateurs des Pandectes ont remanié en ce sens la plupart des textes du Digeste

---

(1) C., loi 25, *De nuptiis*.
(2) D., loi 12, § 3, *De captivis*....

qui sont relatifs à cette matière (1). Nous reconnaissons que c'est là de notre part une conjecture, mais elle est vraisemblable ; il y a toujours quelque chose d'arbitraire dans la fixation d'un délai. C'est là œuvre de législateur, non de jurisconsulte. Il n'est pas probable que la jurisprudence classique ait pris sur elle d'imposer au fils du captif d'attendre trois ans pour se marier, sans le consentement de son père.

A quel moment le consentement doit-il intervenir? Le consentement du père doit précéder, disent les *Institutes*, c'est-à-dire que si un fils s'est dispensé du consentement de son père, celui-ci donnant son consentement quelque temps après le mariage, le consentement donné après coup serait valable, mais il n'aurait pas d'effet rétroactif. Les enfants conçus avant ne seraient pas *legitime concepti*.

Un fils se marie sans le consentement de son père. Celui-ci meurt, sa mort équivaut au consentement, car le fils devenait capable de se marier sans consentement. Cela semble bien découler de ce que dit Paul (2) : ce jurisconsulte, en effet, décide que si une *filia familias* s'est mariée à l'insu de son père, l'enfant né après la mort de celui-ci n'est pas légitime s'il a été conçu de son vivant.

On peut se demander si un consentement général du père au mariage de son enfant, sans désignation du conjoint, pourrait suffire. Cujas répond que oui, bien que la

---

(1) D., loi 9, § 1, *De ritu nuptiarum ;* lois 10 et 11, *Eod. tit.*
(2) D., loi 11, *De statu hominum.*

négative semble dictée par *loi* 34, D., *de Ritu nuptiarum*, ainsi conçue : « *Generali mandato quœrendi mariti filia familias, non fieri nuptias rationis est. Itaque personam ejus patri demonstrari, qui matrimonio consenserit, ut nuptiœ contrahantur necesse est.* » Ainsi le mandat général donné à la fille de se chercher un mari ne la dispense pas de demander à son père un consentement spécial pour le mari qu'elle aura trouvé. Mais il faut bien remarquer la teneur du mandat, c'est seulement de se chercher un mari ; mais si le père avait dit, *ut cui vellet nuberet,* nous ne serions plus dans la même hypothèse, la volonté du père serait beaucoup plus formulée, et la précision du langage des jurisconsultes est assez grande habituellement pour que nous ne soyons pas autorisés à conclure de la première espèce à la seconde ; n'ayant donc aucun texte sur le consentement général donné par le père, il faut résoudre la question d'après les principes, et comme la nécessité du consentement du père était particulièrement fondée sur l'idée de sa puissance, il est probable qu'il lui était permis de renoncer simplement au contrôle qu'il pouvait exercer sur le mariage de sa fille.

Toute personne en puissance paternelle qui contracte un mariage sans le consentement de son père ne fait pas un mariage valable *jure, sed contractu non solvuntur* (1). Que veulent dire ces mots ? Le sens littéral serait celui-ci : Il y a un empêchement prohibitif ; mais il n'y a pas un empêchement dirimant, comme nous dirions

---

(1) Pauli Sent., lib. 2, tit. 19, § 2.

en droit français. Le mariage n'aura pas lieu, si le père s'y refuse ; mais s'il a lieu, il sera valable. Ceci n'est pas admissible, quoique conforme au texte, car quand il n'y a pas de consentement, il n'y a pas de mariage. Tous les textes sont unanimes pour nous le dire. M. Demangeat pense que ce texte indique une ancienne règle, qui avait été abrogée par Antonin, et c'est l'abrogation de cette règle que Paul a voulu exprimer. Si nous consultons ce jurisconsulte (*Sent. Lib.* 5, *tit.* 6, § 15), nous voyons qu'Antonin a défendu qu'un mariage, *bene concordans*, dans lequel le mari et la femme sont parfaitement d'accord, pût être dissous par le père. Cela fait allusion à la règle ancienne que l'on retrouve dans les comédies de Plaute. Le consentement du père est nécessaire pour que le mariage commence, il est aussi nécessaire pour que le mariage continue. Cette règle, abrogée par Antonin, était un véritable abus de la puissance paternelle.

Nous venons de voir que pour le mariage le consentement du père était nécessaire, mais il ne suffisait pas. Il fallait encore celui des futurs époux (1). Si le père pouvait, il est vrai, empêcher le mariage de son fils, il ne pouvait le forcer à épouser une femme à laquelle celui-ci n'aurait pas voulu s'unir. Le père, malgré sa puissance paternelle, ne pouvait marier son fils malgré lui. Toutefois si un fils de famille, d'après l'ordre de son père, avait épousé une femme qu'il n'eût pas épousée *sui arbitrii*, il y avait néanmoins mariage, parce qu'il y

---

(1) Ulp., Reg., tit. 5, § 2. — Loi 2, *De ritu nupt.* — Loi 16, § 2. Loi 21, *Eod. tit.* — C., lois 12, 14, *De nuptiis.*

avait une espèce de consentement, *maluisse hoc vide-*
tur (1).

A l'égard de la fille, on regardait son consentement
comme suffisant si elle ne se refusait pas à la volonté de
son père (2), et elle ne pouvait s'y refuser que si l'homme
qu'on lui présentait était *indignus moribus* ou *turpis* (3).
C'était là une grande différence entre le fils et la fille, et
que l'opposition des textes nous montrent d'une manière évidente : et la loi 20, C., *De nuptiis,* semble même
n'exiger le consentement de la fille que si elle est *sui*
juris.

A la même idée de puissance paternelle exercée dans
l'intérêt de l'enfant, nous pouvons rattacher le droit
qu'avait le père de nommer par testament un tuteur à
ceux de ses enfants impubères que sa mort allait rendre
sui juris (4), et de plus à ses filles mêmes pubères, du
moins pendant tout le temps qu'a duré la tutelle perpétuelle des femmes (5). Toutefois le père ne peut pas
nommer un tuteur, sans disposer de la succession par
testament. Ce droit fut même accordé, mais avec une
restriction, au père qui avait émancipé son fils impubère;
seulement le tuteur devait être confirmé par le magistrat avec ou sans enquête, et ses pouvoirs ne commen-
çaient qu'à la date de cette confirmation (6), et cela

---

(1) D., lois 21, 22, *De ritu nuptiarum.*
(2) D., loi 12, *De sponsalibus.*
(3) D., loi 12, § 1, *De spons.* Loi 13, *Eod. tit.*
(4) Inst., lib. 1, tit. 13, § 3.
(5) Gaius comm. I, § 144.
(6) D., lois 1 et suiv., *De confirmando tutore.*

s'applique, sans distinguer si le père émancipateur a institué ou exhérédé l'enfant émancipé.

Enfin nous mettons encore au rang des attributs de la puissance paternelle, le droit pour le père de faire le testament de son enfant en même temps que le sien, pour le cas où cet enfant mourrait après lui, encore impubère : c'est ce que les Romains appelaient la substitution pupillaire (1). C'est bien là une conséquence de la puissance paternelle, puisque cette substitution ne peut être faite que par le père *sui juris*, pour les enfants qu'il avait en sa puissance.

CHAPITRE II.

DE LA PUISSANCE PATERNELLE RELATIVEMENT AUX BIENS.

Nous avons essayé de montrer combien étaient étendus les effets de la puissance paternelle relativement à la personne de l'enfant. Ils ne l'étaient pas moins relativement aux biens. Le principe est que le fils est dans la même position que l'esclave. Comme ce dernier, l'enfant ne pouvait rien avoir qui ne fût à son père, rien acquérir qui ne devînt la propriété de son père ; aussi trouvons-nous aux Institutes (2) cette phrase vraiment caractéristique de l'ancien droit de Rome : « *Quidquid ad eos pervenerit, hoc parentibus suis adquirebant sine ulla*

---

(1) Inst., lib. 2, tit. 16.
(2) Inst., lib. 2, tit. 9, § 1.

distinctione. » Le fils travaillait-il? Le prix de son travail revenait au père. Recevait-il une donation? Elle profitait au père. Appliquait-il son intelligence aux arts, au commerce? Les bénéfices qu'il en retirait enrichissaient son père. Injuste et spoliatrice législation! Et cependant elle dura bien longtemps. Elle traversa les plus belles années de Rome, tant était invétérée cette pensée que tous ceux qui étaient soumis au chef de famille n'étaient censés faire qu'une seule et même personne avec lui! Leur individualité se confondait dans sa personne et s'identifiait avec elle.

Il n'y avait d'autre adoucissement à cette rigueur du droit, que l'usage dans lequel étaient les chefs de famille de laisser à leurs fils ou à leurs esclaves une certaine portion de biens, dont ils avaient personnellement l'administration et l'usage; mais seulement par tolérance, tant que le chef de famille le voulait bien, et toujours en son nom. Il n'y avait pas là un droit de propriété. C'était ce qu'on appelait un pécule.

Ce ne fut qu'au commencement de l'empire qu'on reconnut au profit des fils de famille la possibilité d'être propriétaire. Le pécule *castrense* apparut le premier, et ce ne fut que plus tard que surgirent le pécule *quasi-castrense* et le pécule *adventice.*

Étudions chacun de ces pécules.

SECTION I.

Du pécule castrense.

Dès les premiers temps de l'empire, lorsque des constitutions impériales prodiguèrent des priviléges aux soldats, sous Auguste, sous Néron, sous Trajan, il commença à être établi que ce que les fils de famille auraient acquis à l'occasion de leur service militaire, ils en pourraient disposer soit entre vifs, soit par testament, comme s'ils étaient à cet égard pères de familles ; c'est là le *peculium castrense*. Reconnaître au fils de famille la capacité d'être propriétaire, d'avoir des choses à lui, par conséquent d'en disposer et de faire des actes que le commerce de ces choses comportait, ce fut leur constituer une personnalité à eux, une personne civile distincte de celle des chefs de famille, et dès lors ce principe du droit primitif que les fils de famille n'ont pas de personne, que leur individualité s'absorbe dans la personne du chef, dont ils ne sont qu'une dépendance, qu'un instrument, commença à s'altérer.

De nouveaux principes vont paraître ; le fils de famille cesse d'être une chose, pour devenir une individualité.

Certains auteurs ont cherché l'origine de ce pécule jusque dans la guerre sociale. Les généraux, désireux de s'attacher leurs soldats, auraient acheté ainsi leur dévouement. Les empereurs eurent la même pensée, et un intérêt personnel serait la seule cause d'une aussi grande et aussi importante innovation. Nous ne saurions aller jusque-là. Que l'intérêt personnel, que le désir tout naturel de trouver des soldats dévoués et de s'en faire des défenseurs, n'ait pas été étranger à la création du pécule *castrense*, nous le reconnaissons volontiers ; mais nous pensons aussi qu'il faut faire ici une large part aux progrès des mœurs et à l'esprit du temps. On voulait faire disparaître un peu de ce qu'il y avait d'exorbitant dans la puissance paternelle, tant au point de vue des biens qu'au point de vue de la personne ; et certes, un des meilleurs moyens était de reconnaître une individualité à l'enfant. C'est ce que les empereurs comprirent, et en servant peut-être leur intérêt personnel, ils servirent certainement aussi l'humanité.

Demandons-nous maintenant de quoi se composait le pécule *castrense*. Quels étaient les droits du fils? Quels étaient les droits du père?

§ 1. — De ce qui compose le pécule castrense.

La loi 11, D., *De castrensi peculio*, nous dit aussi clairement que possible quels biens composent le pécule castrense : *Castrense peculium est, quod a parentibus vel cognatis in militia agenti donatum est vel quod ipse filius-familias in militia adquisiit, quod, nisi militaret, adquisiturus non fuisset, nam quod erat et sine militia adquisiturus, id peculium ejus castrense non est.* Paul nous dit aussi dans ses Sentences (1) : *Castrense autem peculium quod in castris adquiritur, vel quod proficiscenti ad militiam datur.*

Nous voyons donc qu'il ne rentre dans le pécule *castrense* que ce qui a été acquis à l'occasion même de la *militia :* la qualité de militaire est essentielle, elle absorbe la qualité de fils de famille. C'est ainsi qu'un legs fait au fils de famille militaire n'entrait dans le pécule castrense que si le legs avait été fait *occasioné militiæ* (2).

---

(1) Sent. Pauli, lib. 3, tit. 4, § 3.
(2) D., loi 8, *De castrensi peculio*.

Comme conséquence de notre principe, nous dirons avec la loi 1, C., *de Castrensi peculio,* que les choses mobilières données par le père, la mère ou des parents au fils de la famille partant pour la guerre, font partie du pécule castrense, car il est bien évident que le service militaire a été la cause même de la donation. On a voulu donner au fils plus de bien-être, et lui adoucir un peu la vie rude des camps. Aussi les immeubles donnés dans les mêmes circonstances ne tomberaient pas dans le pécule, parce qu'ils ne se rattachent pas directement à la *militia* (1).

La loi 1, C., *De castrensi peculio,* nous dit aussi que l'hérédité déférée au fils de famille par un compagnon d'armes, dont il n'a fait la connaissance que dans les camps, fera partie du pécule castrense, car il est bien certain que cette libéralité n'est faite qu'*occasione militiæ* (2). Il en est de même de l'institution d'héritier, faite par un compagnon d'armes, qui en même temps est parent de l'institué (3). Mais il faut que les circonstances prouvent bien que c'est à la confraternité et non à la parenté qu'est due l'institution. Cette preuve résultera de la date du testament. A-t-il été fait avant que les deux parents ne fussent compagnons d'armes, la parenté avait été la cause première de l'institution. Avait-il été fait au contraire seulement depuis que les deux parents servaient sous les mêmes drapeaux, la camaraderie avait dicté le testament, et dans ce dernier

---

(1) C., loi 4, *Familiæ erciscundæ.*
(2) D., loi 5, *De castrensi peculio.*
(3) D., loi 19, pr., *Eod. tit.* — C., loi 4, *De castrensi peculio.*

cas seulement les biens compris dans l'hérédité faisaient partie du pécule castrense.

Ce que le père donne à son fils, du moment qu'il est au service, entre dans le pécule castrense ; mais une fois que le fils est libéré (1) la donation est *alterius peculii perinde ac si filius nunquam militasset*.

De même (2) si une femme a donné à son mari *eunti ad militiam*, un esclave avec charge de l'affranchir, et si cet esclave est à même de rendre des services pendant la guerre, cet esclave fera partie du pécule ; sinon, non.

Le texte suppose que la clause d'affranchissement est insérée dans la donation : c'est une clause essentielle, car les donations entre époux sont interdites ; mais à cause de l'affranchissement qui doit suivre la donation et aussi *favore libertatis*, on a pour ainsi dire regardé une pareille donation comme incomplète, et on l'a permise. C'est ce que nous dit Paul (3) : *Manumissionis gratia, inter virum et uxorem donatio favore libertatis recepta est, vel certe quod nemo ex hac fiat locupletior : ideoque servum, manumittendi causa, invicem sibi donar non prohibentur.*

Papinien nous dit dans les lois 13 et 16, pr., *De Castrensi peculio*, que si le fils de famille militaire a été institué héritier par sa femme, cela entrera dans le pécule castrense. Mais Ulpien, dans la loi 8, *eod. tit.*, décide le contraire pour le legs et la donation.

---

(1) D., loi 15, pr., *De castrensi peculio*.
(2) D., loi 6, *Eod. tit.*
(3) Sent. Pauli, lib. 2, tit. 23, § 2.

Pothier (1) et avec lui Cujas expliquent ainsi l'antinomie entre les deux jurisconsultes. L'institution entre époux était considérée comme valable pour un dixième, *matrimonii nomine*, et pour autant de dixièmes par chaque enfant. En vertu de la loi *Papia Poppœa* la femme stérile ne pouvait rien laisser au mari en punition de ce qu'il n'y avait point d'enfants; mais on aurait fait une exception en faveur des militaires, à qui on aurait accordé la capacité entière. Cette hérédité de la femme n'est venue au fils de famille qu'*occasione militiœ*; elle doit donc faire partie du pécule castrense. Papinien parlerait au point de vue des lois caducaires, tandis qu'Ulpien écrit dans la loi 8 l'application pure et simple des principes. La donation et le legs dont elle parle profitent au père de famille, parce que rien ne peut s'opposer à ce résultat.

Malgré l'autorité qu'on doit attacher à une opinion soutenue par des esprits aussi considérables, nous ne saurions admettre cette conciliation, que nous ne craindrons pas d'appeler divinatoire. Où touve-t-on en effet dans les lois qui nous occupent la moindre trace de la stérilité de la testatrice? C'est là une supposition gratuite, que rien n'autorise. Ajoutons aussi que, même sous l'empire des lois caducaires, le *jus capiendi* n'était pas enlevé entièrement aux personnes n'ayant pas d'enfants : elles pouvaient toujours recueillir un dixième : or, avec le système de Cujas et de Pothier, nous arriverions à dire qu'il était perdu pour le tout, puisque l'institution,

---

(1) Pothier, Pandectes, *De peculio castrensi.*— D., Cujas, *Comm. sur Papinien*, ff., loi 16, *De cast. peculio.*

d'après le texte de Papinien, profite pour le tout au fils de famille et à son pécule castrense; elle ne devrait profiter que pour les neuf-dixièmes et, s'il en était ainsi, Papinien avec sa précision n'aurait pas manqué de le dire.

Une autre explication, fondée sur l'idée que les militaires ne pouvaient pas se marier, doit être également écartée; la loi 13 ferait allusion à l'impossibilité dans laquelle les soldats étaient de se remarier une fois qu'ils étaient sous les drapeaux. La donation de la femme n'aurait eu qu'un but : *Ut commodius diutiusque militaret et sic alteram non superinduceret maneretque viduus.* Mais où trouve-t-on cette loi qui défendait aux soldats de se marier, et pourquoi Ulpien n'aurait-il pas décidé de même ? Aussi, dans ce système, arrive-t-on à dire que la loi 8 posait la règle générale et que la loi 13 est une exception, dont on ne saurait rendre compte. C'est une faveur nouvelle accordée au service militaire, et on ajoute : *Nec omnium quæ a majoribus nostris constituta sunt, ratio reddi potest.*

Nous aimons mieux dire que la loi 13 est une solution écrite expressément dans un rescrit d'Adrien. Le rescrit ne parlait que de l'hérédité et on l'a entendu restrictivement, sans l'étendre aux legs et aux donations.

Au reste, cette variété dans les principes consacrés n'a pas une grande importance sous Justinien, car nous verrons bientôt que, relativement à la succession qui advient au fils de famille, le débat ne s'engage plus entre la fortune du père et celle du fils, mais seulement entre les différents pécules de celui-ci, de sorte qu'il n'y a plus le même intérêt à dire si l'acquisition est faite, oui ou non, pour le pécule castrense.

Papinien (1) donne pour la dot, apportée ou promise au fils de famille militaire, la même décision qu'Ulpien pour les legs et les donations. La dot est en effet apportée par la femme, pour soutenir les charges du mariage, pour nourrir et élever les enfants communs d'elle et de son mari ; elle ne saurait donc entrer dans le pécule castrense, étant étrangère à toute idée de service militaire.

Jusqu'ici nous avons parlé des choses qui ont été données à cause du service militaire, ou à l'occasion du service militaire. Fait aussi partie de ce pécule tout ce qui se réunit aux choses mêmes de ce pécule par accession et par consolidation (2). Par exemple, si le père a perdu l'usufruit d'un esclave, dont le fils avait la nue propriété dans son pécule castrense, celui-ci en aura la pleine propriété.

Fait encore partie du pécule castrense tout ce qui est acquis *ex rebus castrensibus* (3). Lorsque le fils aura employé la somme qu'on lui avait donnée lors de son départ pour l'armée, dans l'intention de lui en faire un pécule castren sc, ce qu'il aura acquis en échange sera sa propriété péculiaire.

De même aussi, ce qu'il aura stipulé, ce qu'il aura reçu (4) en tradition à l'occasion de l'administration de son pécule, viendra grossir ce patrimoine. Il y a plus. Bien qu'en principe un enfant ne puisse contracter avec son père aucune obligation civile, le fils qui a un pécule

---

(1) D., loi 16, pr.. *De castrensi peculio.*
(2) D., loi 15, § 4, *Eod. tit.*
(3) D., loi 3, *Eod. tit.*
(4) D., loi 15, § 1, 2, *Eod. tit.*

pourra, avec son père, faire toute sorte de contrats qui donneront naissance à une action. Mais il faudra que ce soit en vue de son pécule qu'il ait contracté : car s'il avait contracté à une autre occasion, on rentrerait dans la règle ordinaire, et rien ne viendrait accroître le pécule castrense.

Il faut étendre à peu près la même décision à toutes les acquisitions que le fils peut faire, par l'esclave qu'il a dans son pécule castrensé (1). C'est-à-dire que toutes ces acquisitions seront valables et entreront dans le pécule. Il n'y aura pas comme pour le fils à faire ce que Papinien appelle la *distinctio causarum.* Car, le fils de famille cumule deux droits : l'un de père de famille et l'autre de fils de famille : par rapport au pécule castrense, il jouit du droit du père de famille, et il acquiert pour lui-même ; dans tout autre cause, il acquiert pour son père ; mais l'esclave du pécule castrense n'a qu'un seul et même droit en tout état de cause, puisqu'il est censé l'esclave du fils et non du père, et par conséquent acquiert toujours à quelque titre que ce soit pour le fils.

C'est ainsi que l'esclave qui fait partie du pécule castrense, institué héritier par quelque personne que ce soit, doit accepter la succession par l'ordre du fils militaire, et cette succession entrera dans les biens dont se compose le pécule castrense (2). De même l'esclave qui fait partie du pécule castrense du fils (3) peut être ins-

---

(1) D., loi 15, § 3, *De castrensi pecúlio.*
(2) D., loi 19, § 1, *Eod. tit.*
(3) D., loi 18, pr., *Eod. tit.*

titué héritier par son père, et il rend ainsi le fils héritier nécessaire de son père.

Tels sont les biens qui rentrent dans le pécule castrense, mais il faut ajouter avec la loi 4, § 2, D., *De peculio castrensi*, les biens qu'un père de famille aurait acquis à l'occasion de son service dans les camps, si, après leur acquisition, il se donnait en adrogation. D'après les règles ordinaires, l'adrogeant aurait dû prendre tous les biens de l'adrogé par une sorte de succession et d'acquisition *per universitatem*. Mais à cause de l'analogie qui existe entre ce cas et ceux pour lesquels les constitutions ont posé le principe du pécule castrense, on a fait violence aux règles de l'adrogation, et on a dit que, dans le cas qui nous occupe, un pécule se forme en prenant naissance, comme si l'adrogé les acquérait depuis son adrogation. ·

Rentraient encore dans le pécule castrense, la paye militaire (1), dont l'origine remonte aux guerres puniques, les récompenses accordées aux soldats par les généraux, pour prix de leur valeur, les *donativa munera* (2), la part du butin, la part de l'*ager publicus*, que l'on assignait quelquefois aux vétérans. Nous ne pourrions entrer dans les détails de ces diverses acquisitions. Contentons-nous de dire que ces biens étaient de l'essence même du pécule castrense, et qu'aucun plus qu'eux ne devait y entrer.

---

(1) Tacite, *Ann.* lib. 2, ch. 26.—Tite-Live, lib. 4, tit. 50.—Suétone.

(2) C'était un présent que tout empereur faisait à son avènement. Facultatif d'abord, il ne tarda pas à devenir une obligation pour celui que les prétoriens avaient élu.

§ 2. — Droits du fils sur le pécule castrense.

La formule qui donne le mieux l'idée des droits du fils sur son pécule castrense est celle-ci : « Le fils, à leur égard, est considéré comme *paterfamilias* (1). »

C'est ainsi que le fils a toujours le droit d'action et de poursuite pour les choses dépendantes de son pécule castrense, même malgré son père (2) ; de même, il peut, de sa propre volonté, accepter une succession qui lui a été léguée par son compagnon d'armes ou par celui qu'il a connu à l'occasion du service militaire (3). Au même ordre d'idées se rattache la possibilité pour les créanciers du fils de demander contre lui action, à l'effet d'être désintéressés ou payés avec les biens castrenses (4).

Le fils a une personnalité juridique distincte de celle de son père ; il peut y avoir, comme nous l'avons déjà dit, des rapports de dettes civiles entre eux par rapport à ce pécule (5).

Le fils est propriétaire de son pécule, même vis-à-vis de son père, c'est-à-dire que son père ne peut aucunement le lui enlever : alors même que son père l'émanciperait ou le donnerait en adoption, le pécule castrense

---

(1) D., loi 11, *Ad senat.-consult. Macedonianum*.
(2) D., loi 4, § 1, *De castrensi peculio*.
(3) D., loi 5, *Eod. tit*.
(4) D., loi 7, *Eod. tit*.
(5) D., loi 15, § 1, *Eod. tit*.

reste au fils (1) ; aucun fait du père ne peut priver celui-ci de la propriété de ses *bona castrensia*. On sait au contraire que s'il s'agissait du pécule *profectice*, le père pourrait le retirer à l'enfant quand bon lui semblerait.

La loi 4, au Code, *Familiæ erciscundæ*, nous montre d'une manière bien positive combien le pécule castrense du fils est distinct de la fortune du père. Elle nous dit en effet que, si le père est mort, le pécule castrense n'entrera pas dans la masse partageable. Les cohéritiers du fils, à qui appartient le pécule castrense, ne pourront y prétendre, et le fils pourra conserver son pécule, sans avoir besoin d'accepter la succession de son père.

C'est au fils qu'appartient l'exercice des actions relatives au pécule. Il les exerce de sa propre autorité, en son nom et non pas au nom de son père. C'est lui qui répondra à l'action en revendication ou à l'action *ad exhibendum* qu'on pourrait intenter contre lui à l'occasion de son pécule (2).

Le père ne peut pas non plus être passible de l'action du pécule, pour les dettes que le fils aura contractées relativement au pécule castrense. S'il consent à le défendre à cette action, il doit, comme tout défenseur, le faire solidairement en donnant caution, et non pas seulement jusqu'à concurrence du pécule (3). Mais il ne peut réciproquement actionner au nom du fils qu'autant qu'il s'engagera sous caution à faire ratifier par ce fils ce qu'il aura fait.

---

(1) D., loi 12, *De castrensi peculio.*
(2) D., loi 18, § 4, *Eod. tit.*
(3) D., loi 18, § 5, *Eod. tit.*

Le fils qui soutient les actions relatives à son pécule pourra les prévenir par des paiements volontaires. Il fera des paiements nécessaires à cet effet, et par eux aliénera d'une façon parfaitement valable la propriété des choses du pécule.

Le fils de famille pouvait même disposer du pécule castrense par testament. Comme à Rome le droit de tester n'était pas considéré comme une conséquence du droit de propriété, les empereurs Auguste, Nerva, Trajan, firent formellement aux fils de famille militaires la concession du droit de tester sur les *castrensia bona* (1), et Adrien l'étendit aux vétérans. Quant aux formes, le fils de famille, tant qu'il était militaire, pouvait tester conformément au droit commun ou bien en usant des priviléges introduits à cet égard en faveur du testament militaire. D'après le droit commun, quand le testateur subit une *capitis diminutio,* son testament devient *irritum.* Quant au fils de famille militaire, s'il est *capite minutus*, par l'émancipation, son testament conserve toute sa force, soit que l'on admette qu'il a été infirmé et qu'une volonté nouvelle du *de cujus* l'a fait revivre, soit que l'on admette que le *capitis diminutio* n'a pas eu d'effet à cet égard (2).

Au cas d'émancipation, le fils de famille mourant *sui juris*, nous pensons que le testament qu'il avait fait fils de famille, et qui n'était pas devenu *irritum* par sa *capitis diminutio,* vaudra (ceci est certain), mais seule-

---

(1) Inst., lib. **2**, tit. **12**, Pr.
(2) Inst., lib. **2**, tit. **11**, § **5**.

ment pour la *bona castrensia*. De même, si le militaire qui a institué un héritier, étant père de famille, s'est donné ensuite en adrogation, son testament ne vaudra plus que pour ses *castrensia bona*, puisqu'un fils de famille ne peut tester que sur ces biens-là.

La *maxima* et la *media capitis diminutio* rendaient le testament *irritum*, parce que le testateur perdait les droits de liberté ou de cité. Il y avait une exception en faveur du militaire, qui les aurait éprouvées par suite d'une peine infligée pour un délit militaire. Ce soldat coupable avait-il testé avant sa *capitis diminutio*, son testament subsistait, car un rescrit d'Adrien permettait à ce condamné de tester, et puisqu'il teste alors avec les priviléges militaires, la seule volonté de sa part, que son testament précédent reste valable, suffit pour faire considérer ce testament comme refait (1). C'est bien le cas d'appliquer justement l'expression des *Institutes :* « *quasi militis nova ex voluntate valet.* »

Lorsque le fils a testé sur son pécule castrense et que l'héritier institué fait adition d'hérédité, la question est de savoir quel est le sort des acquisitions faites par un esclave du pécule pendant la délibération de l'héritier. Dans la loi 18, D., *De stipulat... servorum*, Papinien décide qu'elles sont nulles. En effet, suivant ce jurisconsulte, l'on ne saurait appliquer la maxime : *hœreditas jacens personam defuncti sustinet.* Le pécule, tant qu'il est vacant, ne constitue pas une hérédité; il n'aura ce caractère qu'à partir de l'adition d'hérédité ; c'est que toujours, d'après

---

(1) D., loi 6, § 6, *De injusto, rupto, irrito, facto testamento* .

Papinien, les constitutions impériales ont seulement permis au fils de famille de faire son testament, et tant que
ce testament n'est point confirmé par l'adition, il n'y a pas
d'hérédité. L'esclave dont il s'agit n'ayant pu emprunter
à son maître défunt la capacité qui lui manque, les acquisitions qu'il a faites sont nécessairement nulles.
Toutefois, dans la doctrine même de Papinien, ce qui
précéde s'applique seulement aux actes entre vifs (stipulation, tradition). En ce qui touche les legs, il faut se
placer pour en apprécier la validité au moment du *dies
cedens;* or, dans notre espèce, quand un legs a été fait à
un esclave du pécule, *dies cedit* quand l'héritier institué
prend parti, d'où il suit que s'il fait adition, *dies cedit ab
adita hereditate*, et le legs peut se soutenir du chef de
l'héritier. (Loi 14, § 2, *De castrensi peculio.*)

Revenons aux actes entre vifs. La doctrine de Papinien était loin d'être unanimement acceptée. Dans la
loi 33, D., *De acquirendo rerum dominio*, Ulpien nous dit
que, dans le cas où l'héritier institué fait adition d'hérédité, la stipulation faite par l'esclave du pécule pendant
que l'institué délibère se soutient du chef de ce dernier.
Il y avait donc entre les deux jurisconsultes une divergence de vue. Il est bien vrai que dans la loi 14, § 1, *De
cast. pecul*, D., Papinien paraîtrait s'être rangé à l'avis
d'Ulpien, en attachant à l'adition d'hérédité un effet rétroactif; mais ce dernier texte a évidemment subi une
interpolation que nous justifierons plus loin.

§ 3. — Droits du père sur le pécule castrense.

Nous venons de voir comment les jurisconsultes romains étaient arrivés à reconnaître que la nature du droit du père et du fils sur le pécule castrense pouvait se résumer dans cette formule : « Le fils est propriétaire de « son pécule sous condition résolutoire, le père au con- « traire en est propriétaire sous la condition suspensive « inverse. » Nous avons vu Papinien ne pas l'admettre, tandis qu'Ulpien au contraire, plus novateur, admettait franchement la condition rétroactive. C'est ainsi que nous voyons ce jurisconsulte nous dire que si le fils n'a pas disposé de son pécule, il est acquis au père, *non nunc obvenisse patri, sed non esse ab eo profectum creditur* (1). Il insiste, et plus loin il dit : *Retro peculium patris bonis accessisse dicebam.* Ulpien établit cette doctrine d'une manière positive ; aussi Tryphoninus s'en empare et la consacre : *Quoad utatur jure concesso filius in castrensi peculio, eousque jus patris cessaverit* (2) : et plus loin le jurisconsulte continue sa doctrine, en enseignant que si le fils est mort intestat, son pécule appartient par une espèce de droit de retour au père, qui paraît, en vertu de son ancien droit, en avoir été propriétaire par un effet rétroactif de la loi, et dans la même loi 19, § 5, il s'exprime d'une manière encore plus catégorique en disant : *In pendenti, ut in aliis et in hac specie, habeamus dominia, ut ex facto retro fuisse aut non fuisse patris credamus.*

On a voulu trouver dans la loi 19, § 4, *De castrensi peculio*, une raison de douter que le père devînt propriétaire du pécule avec effet rétroactif. Que nous dit cette loi ? Si le

---

( ) D., loi 9, *De cast. peculio.*
(2) D., loi 19, § 3, *Eod. tit.*

père, héritier de son fils, a du vivant de son fils affranchi
l'esclave par la solennité de la vindicte, cet affranchissement ne rendra pas l'esclave libre, après la mort du
fils intestat. Donc, dit-on, le père ne devient pas propriétaire du pécule, avec effet rétroactif, car autrement
qui empêcherait l'affranchissement d'être bon ? Si l'affranchissement est nul, c'est que l'acquisition n'a lieu
pour le père qu'au moment du décès de son fils, et elle ne
remonte nullement jusqu'à l'époque où le père a affranchi l'esclave. Cette argumentation là est fausse, et la nullité de cet affranchissement ne se rattache nullement à
l'idée admise ou non de la rétroactivité de l'acquisition
du pécule. L'affranchissement par la vindicte était ce
qu'on appelait à Rome un *actus legitimus*, et les actes de
ce genre ne pouvaient être subordonnés à une condition.
Nul dans le principe, rien ne peut purger son vice, et
voilà pourquoi l'affranchissement dont il s'agit n'est
pas valable.

Parmi les actes que le père peut faire relativement au
pécule castrense, il faut distinguer (1) ceux dont, pour
le moment, résulte quelque aliénation d'un droit dépen-
dant du pécule castrense, ceux-là sont défendus ; mais
relativement aux choses ou aux actes dont l'effet est éloigné et non pas immédiat, on examinera le temps où
ils ont coutume d'avoir cet effet, de sorte que si le fils
que l'acte du père dépouille de ses droits, vit encore au
moment où cet effet se produit, cet acte sera nul ; il sera
au contraire valable, si le fils est mort précédemment.

---

(1) D., loi 18, § 1, *De castrensi peculio.*

Ainsi le père ne peut pas aliéner la propriété d'une chose comprise dans le pécule ; il ne pourrait pas non plus donner une chose péculiaire en paiement ; il ne pourrait imposer sur les esclaves du pécule ou sur le fonds ni droit d'usufruit, ni servitude quelconque (1). Notons toutefois que bien que le père ne puisse, du vivant de son fils, détériorer la chose, il peut cependant l'améliorer. On pourrait comparer ce père à celui qui a été frappé d'interdiction dans ses biens. C'est ainsi qu'il pourrait libérer les esclaves du droit d'usufruit qu'un tiers a sur eux, comme aussi affranchir les fonds de terre de l'usufruit et des servitudes dont ils sont grevés.

Toujours comme conséquence du même principe que provisoirement on ne regarde pas le père comme propriétaire, tant qu'il ne l'est que sous la condition suspensive, si le père intente une action en partage d'un bien que son fils a en commun avec Titius, il n'y aura rien de fait, car la propriété ne peut pas être aliénée par le père (2), et on sait qu'en droit romain le partage était translatif de propriété. Il aurait donc fallu que le père fût propriétaire de la portion du pécule castrense : ce qui n'est pas. De même ce sera contre le fils et non contre le père que sera intentée la revendication ou l'action *ad exhibendum* (3). De même le père, comme nous l'avons déjà dit, n'est pas obligé de soutenir les actions qui sont relatives au pécule castrense de son fils.

____

(1) D., loi 18, § 3, *De castrensi peculio*.
(2) D., loi 18, § 2, *Eod. tit.*
(3) D., loi 18, § 4, *Eod. tit.*

Le fait-il, il devra donner la caution *de rato;* a-t-il au contraire intenté l'action, il donnera la caution *rem ratam dominum habiturum* (1).

Voyons maintenant les actes faits par le père et renfermant seulement le germe de l'aliénation. La propriété est-elle consolidée chez leur auteur au moment de leur exécution, ils seront valables. Ainsi, le père peut affranchir par son testament l'esclave du pécule, et ce legs de liberté sera parfaitement valable si le fils meurt intestat et que le père lui survive (2). Tryphoninus ne donne cette solution qu'en se fondant sur la propriété conditionnelle du père, car il voyait des objections à cette doctrine, objections qu'il écarte par cette propriété conditionnelle. La liberté appartient à cet esclave, comme la recevant directement du père. Mais ce jurisconsulte se trouve beaucoup plus embarrassé dans l'hypothèse suivante. Il suppose (3) que le père a de même laissé la liberté à un esclave du pécule par testament ; mais le fils, lui aussi, a fait un testament, et il a institué un héritier qui a répudié la succession. Le père survit à son fils. Que va devenir ce legs de liberté? La difficulté vient de ce que les biens castrenses, pendant que les héritiers institués délibèrent, paraissent être en quelque sorte une succession vacante. Ces biens ne peuvent donc être censés appartenir dans cet intervalle au père. S'il en était ainsi, les héritiers en faisant adition d'hérédité recevraient du père lui-même ces biens castrenses, ce qui serait con-

---

(1) D., loi 18, § 5, *De castrensi peculio.*
(2) D., loi 19, § 3, *Eod. tit.*
(3) D , loi 19, § 5, *Eod. tit.*

traire à tous les principes, car il est de l'essence de l'hérédité qu'on la reçoive ou qu'on la tienne directement
du défunt, l'héritier n'étant autre chose que le successeur
du défunt. Le père n'est devenu propriétaire qu'au moment de la répudiation ; donc le legs que le père a fait
au moment où il n'en était pas propriétaire doit être nul.
Ce n'est pas pourtant ce que décide Tryphoninus, et il
décide que la propriété du pécule castrense est en suspens, c'est-à-dire qu'elle dépend de l'événement, de la
question de savoir s'il est censé y avoir eu une apparence
de succession ; les héritiers acceptent-ils, le legs est nul,
car le père n'a pas été propriétaire ; renoncent-ils au
contraire, le pécule sera toujours censé être resté entre
les mains du père comme pécule, et le legs sera validé.

Nous avons à nous demander maintenant quel est le
sort des acquisitions faites par l'esclave du pécule pendant que l'héritier délibère. La question doit être exa-
minée successivement à deux points de vue, quant aux
acquisitions entre vifs et quant aux legs.

Et d'abord quant aux acquisitions entre vifs. L'héritier institué omet l'hérédité. Que vont devenir les acquisitions et principalement les stipulations faites par l'esclave du pécule, pendant que l'héritier délibérait? Il
s'agit de savoir si les stipulations pourront se soutenir
du chef du père, car la maxime *hœreditas jacens....* n'a
plus rien à faire ici, puisque le caractère d'hérédité,
dont le pécule avait été provisoirement revêtu, se trouve
rétroactivement effacé, par suite de refus d'adition.

Selon Papinien, la stipulation est nulle, car une stipulation s'apprécie d'après l'époque où elle a été formée,
et celle-ci ne peut se soutenir du chef de personne, ni du

chef de l'héritier, puisque l'hérédité a été omise, ni du chef du père, puisqu'à cette époque l'esclave qui l'a faite ne lui appartenait pas. En un mot, Papinien repousse ici le principe de la rétroactivité (Loi 14, § 1, *De castrensi peculio.*)

Ulpien émet une opinion directement contraire à celle de Papinien. Dans la loi 33, pr., *De acquirendo rerum dominio*, il proclame sans hésiter en faveur du père le principe de la rétroactivité avec toutes ses conséquences. Suivant lui, il est bien vrai qu'au moment où la stipulation est intervenue, l'esclave n'appartenait pas au père, mais par suite de l'omission d'hérédité, le père a dû être considéré comme ayant toujours été propriétaire du pécule, et par suite de l'esclave qui a stipulé. La stipulation doit être considérée comme ayant été faite par un esclave du père, et dès lors elle se soutient du chef du père. Ulpien ajoute que telle est l'opinion de Scævola et de Marcellus.

Ulpien reproduit sa théorie dans la loi 9, *De peculio castrensi*. Il prouve par des exemples que le fait de devenir propriétaire rétroactivement n'est nullement insolite. Ainsi un citoyen romain est tombé en captivité, son fils meurt à Rome pendant la captivité de son père. Le fils a-t-il été *sui juris?* A-t-il acquis pour son compte personnel? On ne le sait pas immédiatement; il faut attendre pour se prononcer : si le père revient, en vertu du *postliminium*, il recueillera rétroactivement *jure peculii*, les acquisitions faites par son fils. Si le père meurt chez l'ennemi, il est considéré comme étant mort au moment même où il a été fait prisonnier. Dès lors, le fils aura été *sui juris* à partir du même jour, et ses héritiers légitimes recueilleront rétroactivement les biens par lui acquis.

Si nous supposons que l'acquisition faite par l'esclave résulte non pas d'une stipulation, mais d'un legs, les jurisconsultes sont d'accord pour décider que le legs est valable. Papinien (1) lui-même donne cette solution. Il se fonde sur ce principe que, pour apprécier la validité d'un legs, il faut se placer au moment où *dies legati cedit*. Or, *dies legati cedit* au moment où s'ouvre le droit du père, c'est-à-dire après la répudiation de l'héritier.

Revenons à la stipulation. En résumé nous avons vu qu'il y a contradiction entre la loi 33, *De acq. rer. dom.*, et la loi 14, *De castrensi peculio*. Ulpien accorde au père le bénéfice de la stipulation faite par l'esclave, *deliberante hærede*. Papinien déclare inutile une semblable stipulation : mais tout à coup, dans la dernière partie du texte, il termine par ces mots qui renversent toute sa théorie : *Sed paterna verecundia nos movet, quatenus et in illa specie, ubi, jure pristino, apud patrem peculium remanet, etiam adquisitio stipulationis, vel rei traditæ per servum fiat.* Cette fin de la loi est si peu en harmonie avec la distinction que fait le jurisconsulte dans la loi 14, § 2, que les commentateurs ont tous reconnu, sans hésitation, que les derniers mots, *sed paterna verecundia.....*, n'appartenaient pas à Papinien. Seulement, on est divisé sur la question de savoir qui est l'auteur de l'interpolation.

Cujas et Pothier pensent que c'est une note d'Ulpien. Voici à ce sujet comment s'exprime Cujas : *Quod subjicitur in tertia parte est nota Ulpiani ad Papinianum, apparet*

---

(1) D., loi 14, § 2, *De castrensi peculio*.

*ex lege, in eo quod de adquirendo rerum dominio, suppri-
mitur nomen Ulpiani, nomen ejus qui notat Papinianum.*

M. Pellat pense au contraire qu'on doit voir là une
des nombreuses interpolations dues aux rédacteurs des
Pandectes. On reconnaît en effet, dans la phrase attribuée à Papinien, le style des compilateurs de Justinien.
Ainsi le mot *quatenus*, qui, dans la langue des jurisconsultes classiques, exprime une idée de limite, et signifie
jusqu'à concurrence de, est ici synonyme de *ut, au point
que*. De plus, de la comparaison du § 1 avec le § 2 de la
loi 14 , il résulte clairement que Papinien a voulu
établir une opposition entre la stipulation et le legs. Or,
que deviendrait cette opposition si Papinien, s'inspirant
soit de *la paterna verecundia,* soit de tout autre motif,
eût validé la stipulation à l'égard du legs? Pour maintenir l'opposition entre les deux idées, et par conséquent
pour donner au § 2 un sens raisonnable, il faut nécessairement admettre l'interpolation.

Supposons maintenant que le fils ait fait son testament
et que dans ce testament il ait institué son père. Celui-ci
aura alors la *petitio hœreditatis,* il viendra *loco hœredis* et
non pas *jure peculii.* Héritier en vertu du testament, il
sera en cette qualité perpétuellement tenu des dettes de
son fils, d'après les règles du droit civil; si au contraire
il avait retenu le pécule de son fils mort intestat, il serait
forcé, par le droit prétorien, de payer les dettes de son
fils dans l'an utile, et jusqu'à concurrence seulement de
ce qu'il y a dans ce pécule (1). Si le père refuse de faire

---

(1) D., loi 17, pr., *De castrensi peculio.*

adition, il recueille le pécule *jure peculii*, et non plus *jure hœreditatis*. Mais quel va être l'effet de cette répudiation, quant aux legs mis par le fils à la charge du père institué. Les legs seront-ils exécutés, ou bien seront-ils frappés de nullité ?

Pour résoudre cette question, il est nécessaire de se rappeler un édit du préteur (*si quis omissa causa testamenti*), dont le but est de veiller à l'exécution des test ments et de déjouer les calculs de ceux qui renonceraient à la vocation testamentaire, pour s'en tenir à la vocation *ab intestat*, et par là faire tomber les legs mis à leur charge.

Cela posé, si le père renonce à la vocation testamentaire, dans le but frauduleux de faire tomber les legs, il sera passible de la peine édictée par le préteur, et les légataires auront contre lui une action à l'effet de faire exécuter les legs. Si, au contraire, la renonciation n'implique de la part du père aucune intention frauduleuse, tel serait, par exemple, le cas où l'actif du pécule ne serait pas suffisant pour désintéresser les créanciers, alors les legs tombent complétement (1).

Il est incontestable qu'à l'époque de la jurisprudence classique, si le fils n'avait pas usé du droit qu'il avait de tester sur ses *bona castrensia*, le chef de famille les reprenait, non par droit héréditaire, mais par droit de pécule, comme chose à lui appartenant. Les textes ne laissent aucun doute à cet égard (2). Justinien a fait une innovation; il a décidé que si le fils de famille mourait sans

---

(1) D., loi 17, § 1, *De castrensi peculio.*
(2) D., lois 1... 2... 19, § 3, *Eod. tit.*

avoir testé sur son pécule castrense, ce pécule serait dévolu : 1° à ses enfants ; 2° à ses frères et sœurs ; 3° au père ; mais cet empereur dit *jure communi*. Comment doit-on entendre ces mots ? Est-ce *jure peculii* ou *jure successionis ?*

Théophile nous dit que le père succède au pécule castrense par droit de puissance paternelle comme pour le pécule ordinaire.

Cependant M. Labbé enseigne avec raison, selon nous, le système contraire. D'abord quand Justinien a réglé pour le pécule castrense un ordre successoral pour les enfants et les frères, il a appliqué au pécule castrense ce qui avait été décidé pour le pécule adventice. Or la vocation du père au pécule castrense est la même qu'au pécule adventice ; or, il succède comme héritier au pécule adventice, donc il doit en être ainsi pour le pécule castrense. Enfin le témoignage de Théophile peut être affaibli, car il dit : Ce que nous venons de dire du pécule castrense, entendez-le du pécule adventice. Il nous dit que ce sont les mêmes règles qui sont applicables aux deux pécules. Il y a donc erreur dans l'un ou l'autre des passages de Théophile.

Nous trouvons encore un argument dans la Novelle 118. Justinien y dit, au chapitre 2, qu'il y a trois ordres d'héritiers, les descendants, les ascendants et les collatéraux à titre de frères ou sœurs et les autres collatéraux. Il est bien certain qu'ici, du moment que Justinien ne fait pas d'exception pour le cas du pécule castrense, le père vient à titre héréditaire, puisqu'il est en concours avec les frères et sœurs. N'est-il pas vraisemblable que Justinien n'a pas changé la nature du droit du père, à un. intervalle aussi rapproché que celui qui s'est passé entre la rédaction des Institutes et celle des Novelles?

Suivant que l'on adopte l'un ou l'autre de ces systèmes, les différences pratiques sont essentielles à noter. Est-ce à titre de pécule que le père prend les *castrensia bona*, il faudra qu'il revendique séparément chaque objet (1); il ne devra les dettes qu'*intra vires peculii*, et ne pourra être poursuivi que pendant la durée d'une action prétorienne.

Vient-il au contraire *loco hœredis*, le père devra faire adition d'hérédité, il aura à intenter la *petitio hœreditatis;* et les créanciers de la succession auront contre lui des actions perpétuelles et non pas des actions renfermées dans le bref délai d'une année utile ; enfin le père sera débiteur des dettes tout entières de la succession, et ne pourra pas se libérer par l'abandon de la valeur du pécule.

SECTION II.

Du pécule quasi-castrense.

Pendant près de trois siècles, le pécule castrense fut la seule exception à cette règle terrible et injuste, que tout ce que le fils pouvait acquérir appartenait au père. Seulement il faut reconnaître que le pécule castrense renfermait un grand nombre de biens, car on sait ce

---

1) D., loi 56, *De rei vindication*.

qu'était l'armée à Rome, où il y avait pour ainsi dire plus de militaires que de citoyens. De plus, presque toutes les charges étaient envahies par les officiers, parce que toutes les fonctions avaient plus ou moins le caractère militaire. Mais lorsque la distinction des fonctions civiles et militaires devint plus forte, le pécule castrense fut insuffisant et alors on en reconnut un qui lui fut tout-à-fait semblable. Ce fut Constantin qui érigea en pécule quasi-castrense, en 320, tout ce que les différents officiers du palais, dont l'énumération se trouve dans sa constitution (1), auraient gagné pendant leurs fonctions, soit de leurs économies, soit des dons de l'empereur.

Cette faveur d'avoir un pécule *quasi-castrense* fut étendue successivement à d'autres professions, par Théodose et Valentinien aux avocats prétoriens et à divers fonctionnaires du prétoire préfectoral (2), par Honorius et Théodose (3) aux assesseurs et aux avocats de toutes les juridictions, par Léon et Anthémius à tous les avocats plaidant pour les parties, aux évêques, aux chefs de presbytères et aux diacres orthodoxes. Enfin, d'après Justinien, tout ce qui provenait d'uue libéralité impériale, en faveur du fils de famille, rentrait dans le pécule *quasi-castrense.*

On a voulu argumenter de ce que, dans le Digeste, on trouve des passages d'Ulpien où il est question du *peculium quasi-castrense*, pour dire que ce pécule était déjà

---

(1) C. Lex unica, *De castrensi omnium palatinorum peculio.*
(2) C., loi 8, *De advocatis diversorum judiciorum.*
(3) C., loi 4, *Eod. tit.*

connu du temps de ce jurisconsulte ; on invoque aussi un passage des Instituts, où il est dit que le pécule *quasi-castrense* a été établi par des constitutions ainsi que par des *anteriores leges* ; or, dit-on, ces *anteriores leges* sont précisément les lois du Digeste. Non ! Il est pour nous certain que le texte des lois du Digeste a été remanié par Tribonien, qui l'a mis en rapport avec la législation de son époque, et, aux Instituts, il a consacré ce qu'il avait fait au Digeste. D'ailleurs si Ulpien avait réellement parlé de ce pécule, comment s'expliquer qu'on n'en trouve aucune trace dans ses *Regulæ juris?*

Quant aux règles qui régissent ce pécule, elles sont exactement les mêmes que celles que nous avons fait connaître du pécule *castrense*. Toutefois, avant Justinien (1), on n'admettait pas que le fils en pût disposer par testament, et cependant il en était plein propriétaire.

SECTION III.

Du pécule adventice.

La création du pécule *castrense* et *quasi-castrense* avait été un immense progrès dans la législation romaine ; elle empêchait que le fils ne fût pour ainsi dire absorbé par son père ; sa personnalité propre était déjà constituée ; mais cela ne suffisait pas. Il fallait donner encore une plus grande extension à cette personnalité du fils, et

---

(1) C., loi 37, *De inofficioso testamento.*

alors apparut le pécule que les commentateurs ont appelé *adventice*. De plus, comme la fille ne pouvait jamais avoir de pécule *castrense*, il en résultait qu'une fille ne pouvait jamais être propriétaire.

C'est encore à l'empereur Constantin qu'en remonte l'origine. Il décida que ce pécule se composerait de tous les biens recueillis par le fils de famille dans la succession de leur mère, soit par testament, soit *ab intestat*, et que le père en aurait seulement l'usufruit (1). C'était encore, comme on le voit, un mode d'acquisition pour le père ; mais au moins le droit de l'enfant était sauvegardé.

On a essayé de voir dans le sénatus-consulte Orphitien, rendu sous Marc-Aurèle, une raison de soutenir que déjà à son époque la succession de la mère constituait un patrimoine pour l'enfant. Les Institutes disent, en effet, que la succession légitime de la mère est donnée à son fils et à sa fille, quand même ils seraient *alieni-juris* (2). Nous ne voyons là aucune preuve que cette fortune leur fût propre et qu'elle leur appartînt exclusivement. Même en admettant que les Institutes aient voulu dire cela, rappelons-nous qu'elles parlaient la langue de leur temps et qu'elles n'ont pas réfléchi exactement au droit antérieur ; et le sénatus-consulte a précédé de 350 ans les Institutes. D'ailleurs quelle a été la cause de ce sénatus-consulte ? Dans l'ancien droit romain, on succédait à quelqu'un si on avait été pendant sa vie sous sa puissance paternelle immédiate, ou bien si on s'était

-----

(1) C., loi 1, *De bonis maternis.*
(2) Inst., lib. 3, tit. 4, pr.

trouvé avec lui dans un rapport tel, qu'en supposant vivant un ancien auteur commun, on se serait trouvé sous la même *patria potestas*. De là deux ordres d'héritiers : 1° celui des héritiers siens; 2° celui des agnats.

Or, dans l'ancien droit, il était d'usage que la femme, en se mariant, passât sous la *manus* de son mari ; elle était alors *loco filiæ;* elle n'avait pas de biens tant que vivait son mari : sa mort n'ouvrait donc pas sa succession. Survivait-elle au contraire à son mari, elle prenait une part dans la succession de son mari défunt, concurremment avec ses enfants, et elle commençait seulement à avoir des biens en propre. A sa mort elle les laissait à ses enfants, car elle les avait pour agnats, par suite de la *manus*. Il était donc rare à cette époque que des enfants n'arrivassent pas ainsi à la succession de leur mère. Mais lorsque la *manus* tendit à disparaître de plus en plus, il arriva que la femme restait le plus souvent civilement étrangère à ses enfants, qui ne pouvaient plus en fait lui succéder *ab intestat*. Le préteur essaya bien de remédier à une pareille injustice, en créant pour les enfants un ordre d'héritiers, en les appelant à défaut de tous autres héritiers civils de la mère. C'était une tentative heureuse, mais pas assez hardie, et alors parut le sénatus-consulte *Orphitien* pour permettre aux enfants de primer les agnats de leur mère. On ne voit là aucune trace d'un désir chez le législateur d'attribuer à l'enfant une fortune particulière et exclusive. Ce sénatus-consulte *Orphitien* reconnaît, il est vrai, un droit à l'enfant; mais ce n'est pas à dire pour cela qu'il vienne briser celui du père.

C'est donc bien à Constantin que nous devons faire

remonter l'origine du pécule adventice. Nous ne dirons pas que cette innovation fût un élan subit de la part de ce prince : les idées tendaient déjà depuis longtemps à reconnaître à l'enfant un droit de propriété, et nous en voyons les traces dans deux lois que nous trouvons au Digeste. L'une (1), qui est un rescrit d'Adrien, attribue à un fils de famille la propriété des biens d'un fidei-commis qui avait été fait au père, afin que celui-ci le fît parvenir à son enfant, lorsqu'il ne l'aurait plus en sa puissance. Le père commettait de nombreuses fraudes ; il fut jugé indigne de la confiance du testateur, et Adrien décida que le fils serait traité comme s'il était militaire. La seconde (2) loi, qui est un rescrit d'Antonin le Pieux, permet au fils d'un *furiosus* de faire adition d'une hérédité qui lui avait été déférée, et il peut en affranchir valablement les esclaves.

Ces textes ne font que constater deux exceptions. Malgré cette tendance du droit, on était toujours sous la domination du principe, *quidquid ad liberos pervenit, hoc parentibus suis adquirunt.* Mais à partir de Constantin, qui avait posé le premier le principe, les exceptions deviennent de plus en plus fréquentes. Arcadius et Honorius l'étendirent à tout ce qui provenait au fils de famille, soit par succession, soit par libéralité de l'aïeul, aïeule, ou autres ascendants de la ligne maternelle (3) : Théodose et Valentinien (4) à tout ce qui provenait d'un

---

(1) D., loi 50, *Ad senat.-cons. Trebellianum.*
(2) D., loi 52, pr., *De acquirenda vel omittenda hereditate.*
(3) C., loi 2, *De bonis maternis.*
(4) C., loi 3, *Eod. tit.*

époux à l'autre ; Léon et Anthémius accordèrent la même faveur aux acquisitions entre fiancés ; enfin arrive Justinien, qui comprend dans le pécule *adventice* tout ce que les fils de famille acquièrent par une cause quelconque, sauf ce qui provient de la chose du père (1), et cet empereur décide que tout ce que l'enfant acquerra, il l'acquerra pour lui-même, sans que le père y gagne autre chose que l'usufruit.

Ce droit d'usufruit, consacré par Justinien, n'existera pas toujours au profit du père, si bien qu'on peut distinguer deux sortes de pécule : 1° un pécule *adventice*, dont le père a l'usufruit : celui-ci, le plus commun, est appelé par les commentateurs, pécule *adventice ordinaire*; 2° le pécule *adventice extraordinaire*, c'est celui dont le père n'a pas l'usufruit.

Disons tout de suites dans quel cas il en est ainsi :

1° Lorsque les biens ont été légués au fils de famille, sous la condition que son père n'en aurait pas l'usufruit (2).

2° Lorsqu'un père de famille ne voulait pas profiter de l'usufruit, auquel il avait droit sur le pécule *adventice*, il pouvait en faire l'abandon à son enfant, et celui-ci, après la mort du père de famille, ne pouvait pas être inquiété par les héritiers de la succession. Le père de famille aurait pu exiger son usufruit; mais s'il ne le faisait pas, ses héritiers ne pouvaient le faire de leur chef (3).

3° Si une succession s'ouvrait en faveur de l'enfant de

---

(1) Inst., lib. 2, tit. 9, § 1.
(2) Nov. 117, C. i.
(3) C., loi 6, § 2, *De bonis, quæ liberis in potestate*.....

manière à ce qu'elle fût comprise dans le pécule *adventice*, il pouvait se faire que le père ne voulût pas en faire adition pour son enfant en bas âge. Dans ce cas, si l'enfant se faisait rendre un jour la succession, par le bienfait de la *restitutio in integrum*, il l'obtenait dégrevée de l'usufruit du père (1).

4° Il n'y a pas non plus lieu à l'usufruit, dans le cas où un ascendant succède à son descendant concurremment avec un frère de celui-ci ; cet ascendant ne peut pas prétendre à l'usufruit sur les lots des descendants, qu'il conserve en sa puissance et qui sont ses cohéritiers (2).

5° Enfin, le père qui divorçait hors les cas que la loi regardait comme permis, encourait, entre autres peines, la perte de l'usufruit *adventice* (3).

Voyons maintenant les droits du père et du fils à l'égard de ces deux genres de pécule.

§ 1. — Droits du père et du fils sur le pécule adventice ordinaire.

Le droit du père de famille sur les biens du pécule *adventice* ordinaire, est un droit d'usufruit. Il se rapproche de ce que nous appelons en droit français l'usufruit paternel ; mais il ne faut pas les assimiler entièrement. L'idée sur laquelle l'un et l'autre reposent, suffit à nous dire qu'il doit y avoir entre eux plus d'une différence. L'usufruit du pécule *adventice*, ce n'est pas autre chose qu'une restriction apportée aux droits du père : l'usufruit

----

(1) C., loi 8, § 1, *De bonis, quæ liberis in potestate.*
(2) Nov. 118, C. 2.
(3) Nov. 134, C. 3.

légal dans notre droit français a sa source dans une concession de la loi : ce n'est plus une restriction, c'est, au contraire, une faveur. Chez les Romains, le père usufruitier du pécule *adventice* peut tout, excepté ce qui lui a été enlevé : l'usufruitier légal français ne peut que ce que la loi lui a concédé.

Le père a une double qualité pour administrer le pécule adventice. D'abord, il a sa qualité d'usufruitier ; mais à celle-ci vient se joindre sa qualité de père de famille. Il a donc un pouvoir d'administration *sui generis*, et qui ne peut être comparé ni à celui d'un usufruitier ordinaire, ni à celui d'un administrateur légal (1). Il peut administrer le pécule comme il l'entend. La loi 1, *De bonis maternis*, C., nous le dit de la manière la plus formelle : *Omnem debent tuendæ rei diligentiam adhibere, ita omnia agere tanquam solidum perfectumque dominium eis acquisitum fuisset, et personam gerere legitimam.* Toujours fidèle à observer ce pouvoir absolu du père, la loi 6, § 2, *De bonis, quæ liberis in potestate*, C., refuse à l'enfant une hypothèque sur les biens de son père, et la loi 8, § 5, *Eod. tit.*, lui enlève encore la garantie de la caution. Voilà bien des faveurs accordées au père, et qui indiquent combien les Romains avaient de peine à se départir des droits exorbitants de la *patria potestas*. Même en progressant, la législation romaine garde toujours l'empreinte de son idée première ; elle accorde, parce qu'il le faut, mais elle retient autant que faire se peut. Nous en trouvons une nouvelle preuve

---

(1) Cela s'explique par la double influence de la *paterna verecundia* et par le souvenir du vieux droit romain.

dans ce que le droit du père était indépendant de celui de son enfant. Il n'était pas nécessaire, pour que le père acquît quelque droit sur les biens qui advenaient à l'enfant à titre de pécule adventice, que l'enfant eût accepté ces biens. Ainsi, lorsqu'une succession s'ouvrait pour l'enfant, si celui-ci n'en voulait pas faire adition, le droit du père n'était pas tenu en échec, comme il le serait chez nous en pareille circonstance. Le père pouvait faire adition en son propre nom, et alors son droit était un droit de pleine propriété. Il était héritier à la place de l'enfant. (C., loi 8, § 1, *De bonis quæ liberis*.)

Quoique l'enfant ne fût pas entouré de toutes les garanties voulues, le législateur ne l'avait cependant pas laissé tout entier à la merci du père. Ainsi, celui-ci ne peut pas dépouiller son enfant du pécule adventice; tout acte de disposition lui est interdit, et celui qu'il ferait en violation de cette défense ne pourrait pas empêcher l'enfant de réclamer son droit et de le faire triompher. On ne pourra lui opposer aucune prescription, tant qu'il sera en puissance paternelle, et l'enfant n'aura à redouter que celle qui se serait accomplie depuis qu'il est *sui juris* (1).

Il y avait pourtant certains cas où l'aliénation du pécule adventice était permise au père. Ils sont au nombre de quatre :

1° Lorsqu'il s'agit de payer les dettes qui ont accompagné une succession tombée dans le pécule, le père peut et doit aliéner une partie de l'actif pour payer le passif. S'il ne le fait pas, il devra payer les intérêts des

---

(1) C., loi 4, in fine, *De bonis quæ liberis.*

dettes avec les revenus des biens, ou même avec ses biens propres, car il ne peut, gagnant les revenus de l'enfant, rejeter sur lui le fardeau d'un capital qui irait en s'accroissant (1);

2° Lorsque la succession comprend des legs ou des fidéicommis annuels ou une fois payés; au cas d'insuffisance des revenus des biens, pour les acquitter, on aliène des biens jusqu'à concurrence de la somme nécessaire (2);

3° L'aliénation est encore permise quand le bien adventice ne pourrait pas se conserver ou serait d'un entretien coûteux (3);

4° Il faut décider de même si le père, plongé dans une trop grande misère, ne peut pas nourrir la famille autrement que par l'aliénation de quelqu'un des biens du pécule.

Tels étaient les cas dans lesquels la loi autorisait l'aliénation des biens adventices, mais cette aliénation devait être faite dans un certain ordre; c'est ainsi qu'on devait d'abord procéder par l'aliénation des meubles, et, lorsque la vente avait donné une somme supérieure au besoin, on devait faire emploi de l'excédant.

Nous avons dit tout à l'heure que le père peut administrer le pécule adventice comme il veut, mais ce n'est pas à dire pour cela qu'il pourra avoir une mauvaise administration. C'est ainsi qu'il ne pourra pas détériorer les biens adventices; il devra faire, par exemple, tout ce

---

(1) C., loi 8, § 4, *De bonis quæ liberis.*
(2) *Ibid.*
(3) C., loi 8, § 5, *Eod. tit.*

que demande l'entretien des esclaves. Il devra nourrir et élever son enfant; mais cette dette du père ne sera calculée que sur la fortune du fils (1).

En droit français, l'usufruit légal ne dure jamais au delà des dix-huit ans de l'enfant; il cesse même avant cet âge, au cas d'émancipation. Cela tient à ce que, chez nous, la concession de cet usufruit faite par la loi au père, a pour fondement principal l'incapacité de l'enfant. C'est une protection indirecte que la loi lui accorde encore. En droit romain, où, comme nous l'avons déjà souvent dit, l'intérêt de l'enfant ne venait jamais que le second, l'usufruit du pécule adventice restait entre les mains du père pendant toute sa vie; alors même que la puissance paternelle venait à disparaître, cet usufruit subsistait. L'émancipation ne faisait que le modifier. Des constitutions impériales donnaient au père le droit de retenir, comme prix de l'émancipation, le tiers en toute propriété des biens, dont il perdait l'usufruit. D'après Justinien, il en retiendra la moitié, non pas en propriété, mais en usufruit seulement; ainsi, en définitive, il ne perdra par l'émancipation que la moitié de l'usufruit qu'il avait en qualité de père; mais ce ne sera plus au même titre qu'il jouira désormais de la moitié qu'il est autorisé à retenir, puisque ce ne sera plus en vertu de la puissance paternelle, laquelle est éteinte (2).

---

(1) C., loi 8, § 5, *De bonis quæ liberis.*
(2) Inst., lib 2, tit. 9, § 2.

§ 2. — Droits du père et du fils sur le pécule adventice
extraordinaire.

Nous avons dit que ce qui caractérisait le pécule adventice extraordinaire, c'était que le père n'en avait pas l'usufruit. L'enfant se trouve donc avoir sur ces biens tous les droits du propriétaire, et il nous semble qu'il doit pouvoir se comporter à leur égard comme le fils militaire se comporte à l'égard du pécule castrense. Les mêmes conséquences doivent découler des mêmes causes; propriétaire des deux, il doit avoir les mêmes droits. L'administration de ce pécule appartient évidemment à l'enfant. La Novelle 117, C. I, nous dit bien que, quand le père ne trouve pas dans son droit d'usufruit sur le pécule adventice le droit de détenir les biens pour les administrer, l'enfant recevait un curateur, que l'on chargeait de l'administration et du soin de son pécule. Nulle trace ici d'une administration légale paternelle. Et même celui qui faisait parvenir à l'enfant les biens composant son pécule, pouvait en assigner l'administration à une personne de son choix, par exemple, à la mère, à la grand'mère de l'enfant. L'administration de ce curateur ou de cette personne désignée par l'auteur de la libéralité faite à l'enfant, durait jusqu'à ce que celui-ci eût atteint ce que l'on appelait la *perfecta œtas* : à cet âge l'enfant obtenait seul l'administration ! L'enfant ne pouvait, il est vrai, jamais plaider sans le consentement de son père (1). Mais ne voyons encore dans

---

(1) C., loi 8, pr., *De bonis quœ liberis.*

cette disposition de la loi que cette répugnance des Romains à admettre l'individualité des fils de famille.

La Novelle 117, C. I, ne reconnaît pas seulement au fils le droit d'administrer, mais encore le droit de disposer. Une fois *perfectæ ætatis*, il pouvait disposer comme il l'entendait du pécule extraordinaire : *Licet sub potestate sint, licentiam habeant quo volunt modo disponere.* Certains auteurs, le président Bouhier et Merlin, mettent en doute l'autorité de ce texte, alléguant que dans le texte même, rédigé en grec, il y avait le mot διοίκειν, dont le sens serait administrer et non disposer. On se fonde encore pour refuser au fils le droit de disposer, sur le motif de la loi 8, § 5, *De bonis quæ liberis*, qui s'exprime ainsi : *Filiis autem familias in his duntaxat casibus, in quibus ususfructus apud parentes constitutus est, donec parentes vivunt, nec de iisdem rebus testari permittimus, neque citra voluntatem eorum, quorum in potestate sunt, ulla licentia eis concedenda dominium rei ad eos pertinentis alienare, vel hypothecæ titulo dare, vel pignori adsignare. Melius enim est coarctare juveniles calores, ne cupidini dediti, exitum sentiant qui eos post dispersum expectat patrimonium. Cum enim, sicut dictum est, parentes alere eos secundum leges et naturam compellantur, quare ad venditionem rerum suarum prosilire desiderant.* Or, dit-on, le motif qui a fait exclure pour le fils le droit de disposer de son pécule adventice ordinaire, est aussi fort dans le cas du pécule adventice extraordinaire : on doit donc donner la même solution. Tel n'est pas notre avis. Un texte au moins douteux et une simple analogie nous paraissent des raisons trop insuffisantes pour enlever au fils un droit aussi précieux que celui de disposition, et nous ajoutons que les deux pécules diffèrent trop radicalement l'un de l'autre, pour que nous transportions de l'un à l'autre les règles qui leur sont particulières.

Nous permettrons aussi à l'enfant de faire des donations à cause de mort ; car cette nature d'acte ne demande dans son auteur, pour sa validité, que la capacité requise pour les contrats en général.

Il n'en est plus de même du droit de tester. Décider ainsi, ce n'est pas nous mettre en contradiction avec nous-mêmes : nous avons déjà dit et répété, que le droit de tester n'était nullement une conséquence du droit de propriété à Rome, c'est une faveur accordée par la loi. Pour jouir de ce droit, il faut qu'il vous ait été concédé. L'enfant a donc beau être propriétaire de son pécule, si une loi ne lui a pas concédé le droit d'en disposer par testament, il ne peut le faire. Eh bien, nous soutenons que cette loi n'existe pas. On dit que cette loi est la loi 11, C., *Qui testamenta facere possunt : Nemo existimet permissum esse filiis familias testamenta facere nisi in certis casibus.* Or, dit-on, la loi 8, § 5, C., *De bonis quæ liberis*, détermine ces *certi casus*, on tire de cette loi un argument *a contrario* et l'on dit que l'enfant n'est privé du droit de tester, que quand le père a l'usufruit ; si le père n'a pas l'usufruit, le fils peut tester. Nous ne saurions admettre cette interprétation. D'abord la loi 11, en parlant de *certi casus* où le fils peut tester, n'a nullement en vue l'hypothèse du pécule adventice, elle le dit formellement : *Nemo ex lege, quam nuper promulgavimus, in rebus quæ a parentibus acquiri non possunt, existimet aliquid innovandum, aut permissum esse filiis*

familias cujuscumque gradus, vel sexus testamenta fa-
cere sive sine patris consensu possideant secundum nostræ
legis distinctionem , sive cum eorum voluntate. Nullo
enim modo hoc eis permittimus, sed antiqua lex per om-
nia conservetur, quæ filiis familias. nisi in certis ca-
sibus, testamenta facere nullo modo concedit, et in his
personis, quæ hujus modi facultatem habere jam con-
cessæ sunt. Il est bien certain que ces *certi casus* sont le
pécule castrense et le pécule quasi-castrense, et la loi 12
vient nous le dire. Quant à l'argument *a contrario* de
la loi 8, § 5, nous l'écartons sans peine. Comment peut-on
supposer que pour faire une exception à une règle aussi
fondamentale que celle qui veut que nul ne puisse tester,
si la loi ne lui a pas accordé ce droit, le législateur n'ait
pas écrit un texte formel? Or nous savons combien les
Romains se détachèrent difficilement de leur *patria po-*
testas, et un simple argument *a contrario* suffirait pour
donner au fils le droit de tester!

Mais si le fils n'a pas de succession testamentaire, il
est incontestable qu'il a une succession *ab intestat*, qui
se réglera comme la succession de son pécule adventice
ordinaire. Viendront en première ligne les enfants, en
seconde ligne ses frères et sœurs germains, et ensuite
ses frères et sœurs consanguins et utérins, et enfin en
troisième ordre les ascendants, d'après la proximité du
degré. Justinien innova et appela le père en concours
avec les frères et sœurs (1).

-----

(1) Nov. 118, ch. 2.

TITRE III.

Comment finit la puissance paternelle.

Les causes d'extinction de la puissance paternelle sont au nombre de sept :

1° La mort de la personne qui a la puissance paternelle. Lorsque c'est le père qui a la puissance paternelle, le père mourant, l'enfant devient *sui juris*.

Si la puissance paternelle appartient au grand'père sur son petit-fils, le père étant sorti de la famille ou prédécédé, le petit-fils devient *sui juris*. Mais si nous supposons un homme qui a sous sa puissance son fils Primus et son petit-fils Secundus, à la mort de son père, Primus devient *sui juris* ; mais Secundus entre sous la puissance de Primus. Nous avons vu la conséquence de ce principe, quand nous avons parlé du consentement au mariage. C'est pour cette raison que le *filius familias*, qui veut contracter un mariage légitime, doit obtenir, non-seulement le consentement du père de famille actuel au moment de la célébration du mariage, mais encore le consentement du père sous la puissance duquel il est appelé à retomber.

2° Lorsque celui à qui appartient la puissance paternelle ou celui qui y est soumis vient à perdre le droit de cité ; en pareil cas, la puissance paternelle, institution du droit civil, disparaissait. Ainsi celui qui était déporté dans une île (1) cessait d'être citoyen, et la puissance paternelle ne pouvait exister à son profit ou sur lui (2). Si l'empereur lui accorde une restitution de ses droits, le *jus civitatis* est recouvré et la puissance paternelle renaît (3). Mais ce n'était que pour l'avenir que le gracié reprenait ses droits, parce que le pouvoir impérial ne pouvait pas détruire dans le passé des effets qui avaient été définitivement produits.

Gaius (4) ne nous parle pas de la déportation, mais de l'interdiction de l'eau et du feu. Cette interdiction est la peine ancienne. Dans l'ancien droit on n'admettait pas que le droit de cité fût enlevé par un moyen direct. Jusqu'à Auguste, on n'y parvenait que par des détours. C'est Cicéron qui nous le dit, on interdisait l'eau et le feu : *Id autem ut esset faciendum non ademptione civitatis, sed tecti, et aquæ et ignis, interdictione faciebant* (5). Le caractère sacré qui protégeait le titre de citoyen romain disparut; mais la formule de bannissement resta. La déportation différait de l'interdiction de l'eau et du feu, en ce que le condamné était enfermé dans un lieu déterminé, une île, d'où il ne pouvait sortir sous peine de mort (6). Ce genre de peine remplaça en entier l'interdiction de l'eau et du feu, dont le nom resta cependant (7).

---

(1) Inst., lib. 2, tit. 12, § 1.

(2) Ulp. Reg., tit. 10, § 3.

(3) C., lois 1, 6, 9, *De sententiam passis et restitutis.*

(4) Comm. 1, § 128.

(5) Cicéron, *Pro domo*, c. 29, 30.

(6) D., loi 4, *De pœnis.*

(7) D., loi 2, § 1, *Eod. tit.*

La déportation n'existe qu'autant que la sentence est confirmée par l'empereur. Le *præfectus urbi* reçut de l'empereur le pouvoir de la prononcer (1).

Certains individus sont *sine civitate*. Tels sont les déportés et les condamnés aux travaux publics à perpétuité. Cet individu est capable de tout ce qui est du droit des gens et incapable de tout ce qui est du droit civil, il peut donc avoir la puissance dominicale ; mais il ne saurait avoir la puissance paternelle (2).

La *relegatio* était une peine moins forte que la déportation ; d'abord elle était ordinairement temporaire ; ce n'était qu'exceptionnellement qu'elle était perpétuelle. Le *relegatus in insulam* ne pouvait pas sortir de son île, ses biens pouvaient en partie être confisqués ; mais il conservait la puissance paternelle comme tous ses autres droits civils (3).

Gaius fait allusion au cas où un citoyen romain va se fixer dans une colonie latine, par là il perd le droit de cité et la puissance paternelle. Mais cela n'existe plus à l'époque de Justinien.

3° Le père ou le fils venait-il à perdre la liberté, la puissance paternelle s'évanouissait. On peut être condamné soit *in metallum*, soit *in opus metalli*. Cette dernière peine était moins lourde. Dans les deux cas, l'homme devient esclave sans maître. Si quelqu'un lui laisse une libéralité, cette libéralité est nulle. Le condamné *in metallum* cherchant à fuir était condamné à

---

(1) D., loi **2**, § **1**, *De pœnis.*
(2) D., loi **7**, § **2**, *Eod. tit.*
(3) Inst , lib. **1**, tit. **12**, § **2**. — D., loi **4**, *De interdictis.*

mort, le condamné *in opus metalli* s'évadant était condamné *in metallum;* mais sous Justinien cette condam-
nation n'entraîne pas la perte de la liberté, et le mariage
n'est plus dissout (1).

Le père ou le fils est fait prisonnier par l'ennemi.
L'état des enfants reste en suspens. Si le prisonnier revient à Rome, par l'effet du *jus posliminii*, on efface
l'esclavage, et il se trouve n'avoir pas perdu la puissance
paternelle; s'il meurt chez l'ennemi, on le considère
comme étant mort au moment même où il a été fait
prisonnier, et les enfants sont considérés comme ayant
été *sui juris* dès cette époque (2).

Gaius nous dit qu'on pouvait douter, de son temps, si
les enfants devenaient libres à dater de la mort réelle du
père, ou à dater du jour de la captivité (3). Le doute
venait probablement de ce que les enfants, puisque dans
l'intervalle leur état avait été en suspens, n'avaient
réellement pas agi comme des personnes *sui juris*, et la
question n'était pas sans importance, parce que, si on
les considérait comme *sui juris*, depuis la captivité,
tout ce qu'ils avaient acquis à partir de cette époque était
pour eux, tandis qu'il n'en était pas de même, si on ne
les considérait comme *sui juris* que depuis la mort de
leur père. Environ trente ans après Gaius, deux jurisconsultes résolvent la question en faveur des enfants;
l'un est Tryphoninus, dont l'avis se trouve au Digeste (4);

---

(1) Nov. 22, ch. 8,
(2) Inst., lib. 1, tit. 12, § 5—D., loi 16, *De captivis et postliminio.*
(3) Gaius, comm. 1, § 129.
(4) D., loi 12. § 1, *De captivis.*

l'autre Julien (1), qui dit que sur tous les points de droit le captif est censé mort du jour de sa captivité. Cette opinion, qui du reste paraît n'avoir guère été controversée, est celle que consacrent les Institutes.

Quand le fils revient de chez l'ennemi, le *postliminium* produit un double effet. Car il y a à la fois, pour le père, recouvrement du fils qu'il avait perdu, pour le fils réintégration dans tous ses droits ; *cum filius revertatur duplicem in eo causam esse oportet postliminii et quod pater eum reciperet, et ipse jus suum* (2).

De quelque manière (3) que le captif soit revenu, par ruse, par force, par rachat, peu importe. Dès l'instant qu'il est parvenu sur le territoire de l'empire ou sur celui d'un peuple allié ou ami (4), il y a *postliminium*.

4° Le fils, obtenant certaines dignités, était affranchi de la puissance paternelle. Justinien établit (5) que la dignité d'évêque, de consul, de patrice, et en général toutes celles qui libèrent de la curie, c'est-à-dire qui déchargent les curiaux de leurs obligations, libéreraient aussi de la puissance paternelle. Parmi ces dignités se range encore celle de préfet du prétoire, etc., etc. Par un privilége particulier, les enfants devenus *sui juris* par les dignités, bien qu'ils fussent sortis de la puissance paternelle avant la mort du chef, ne perdaient aucun de leurs droits ; ils étaient toujours comptés dans

---

(1) D., loi 22, § 2, *De captivis*.
(2) D., loi 14, *Eod. tit*.
(3) D., loi 26, *De captivis*.
(4) D., loi 19, § 3, *Eod. tit*.
(5) Nov. 81.

la famille comme agnats ; lorsque le chef mourait, ils lui succédaient comme héritiers siens, et leurs enfants, s'ils en avaient, retombaient sous leur puissance (1).

5° L'émancipation était la cinquième cause de dissolution de la puissance paternelle. A l'origine, le droit primitif et la loi des Douze-Tables ne donnaient pas au père le droit de libérer directement son fils de la puissance paternelle. Il n'existait pas un mode d'affranchissement pour cette sujétion, comme pour celle de la servitude ; il fallut donc chercher des moyens directs pour y parvenir. La loi des Douze-Tables les fournit elle-même.

Lorsqu'un chef de famille, usant du droit qu'il avait de vendre ses enfants, transportait par la vente la propriété à l'acquéreur, il ne devait plus régulièrement avoir de puissance sur l'enfant vendu. Cependant la loi des Douze-Tables portait : *Si pater filium ter venumdedit filius a patre liber esto.* Ainsi le père peut vendre trois fois son fils, et trois mancipations successives rendent le fils *sui juris* (2). Si les choses se sont ainsi passées, que décider pour la succession? Si l'émancipé meurt sans avoir fait son testament, le *manumissor extraneus* y sera appelé, et si l'émancipé est impubère, le *manumissor* aura la tutelle. Voilà le droit civil : mais de bonne heure on remet la succession et la tutelle au père, par le contrat de *fiducie* intervenant lors de la troisième mancipation : le père, auquel il était remancipé, l'affranchissait. En supposant que le contrat de *fiducie* n'est

---

(1) Nov. 81, ch. 2.
(2) Gaius, comm. i, § 132. — Ulp., Reg., tit. 10, § 1.

pas intervenu, le préteur donnait au père la succession de l'émancipé (*unde decem personæ*).

L'émancipation pouvait encore se faire *ex imperiali rescripto*. Ce rescrit est insinué, enregistré par le magistrat (1). L'utilité de ce mode est que l'émancipation puisse se faire en l'absence de l'enfant. Sous Justinien, ce dernier mode subsiste, ou bien encore le père et l'enfant se rendent devant le magistrat : le père exprime sa volonté, et il suffit que l'enfant ne proteste pas (2). Dans ce système, l'émancipateur se trouve toujours appelé à la succession et à la tutelle de son enfant émancipé.

Les effets de l'émancipation étaient de rendre l'enfant *sui juris* : sous ce rapport elle lui était avantageuse, mais sous d'autres elle pouvait lui être nuisible. L'enfant sortait de sa famille, tous ses liens d'agnation étaient rompus : ses enfants, s'il en avait, n'étaient pas en sa puissance, et ne pouvaient plus s'y trouver, à moins que le chef ne consentît à les lui donner en adoption ; dans la stricte rigueur des lois, il perdait ses droits de succession, quant aux autres membres de la famille. Mais ce sont là des résultats qui furent adoucis par les préteurs, par les constitutions impériales et par Justinien.

L'émancipation n'était pas irrévocable : elle pouvait être résiliée lorsque l'enfant émancipé se rendait coupable envers son père de mauvais traitements ou d'injures (3).

---

(1) C., loi 5, *De emancipationibus liberorum.*
(2) Sent. Paul., lib. 2, tit. 25, § 5.
(3) C., loi un., *De ingratis liberis.*

Le père ne pouvait pas, en général, être forcé d'émanciper son enfant (1); il n'y avait d'exception que pour celui qui avait été adrogé étant encore impubère, et qui pouvait réclamer contre son adrogation (2). Mais lorsqu'on commença à limiter les droits du père sur ses enfants, on trouva la sanction des limites que l'on posa dans l'émancipation forcée : ainsi le père était obligé d'émanciper son fils s'il abusait de son autorité, par exemple, en maltraitant son enfant, en l'exposant, en prostituant sa fille (3). On admettait aussi que la condition mise à une hérédité, ou à un legs, que tel enfant serait émancipé, n'était pas contraire à l'ordre public et aux bonnes mœurs, et que le père qui avait accepté cette hérédité ou ce legs pouvait être forcé d'émanciper son fils (4).

L'émancipation était essentiellement personnelle : elle ne s'étendait pas aux enfants de l'émancipé : elle rompait tout lien d'agnation entre l'émancipé et sa famille naturelle, même avec son père, si l'émancipation venait de l'aïeul, et avec ses enfants.

6° L'adoption, avant Justinien, était une cause d'extinction de la *patria potestas*. Quant à l'adoption proprement dite, comme elle ne portait que sur une personne soumise à la *patria potestas*, elle était toujours une cause d'extinction ; car, pour créer le droit de l'adoptant, il fallait toujours éteindre auparavant le droit

---

(1) Inst., lib. 1, tit. 12, § 10.
(2) D., loi 23, *De adoptionibus*.
(3) C., loi 6, *De spectaculis*. — C., loi 2, *De infantibus expositis*.
(4) D., loi 92, *De conditionibus et demonstrationibus*.

du père qui donnait son enfant en adoption. Cette adoption se faisait comme l'émancipation au moyen d'une ou de plusieurs ventes successives de l'enfant par son père de famille, suivies d'une *in jure cessio*. Ces ventes avaient pour résultat de faire cesser le droit de la *patria potestas*.

Sous Justinien, l'adoption proprement dite devint une cause moins fréquente d'extinction de la puissance paternelle. Nous avons dit en effet que cette adoption ne transférait la puissance paternélle à l'adoptant, qu'à la condition que l'adopté fût un descendant de l'adoptant. Dans tous les autres cas, elle laissait l'enfant dans sa famille, et alors elle ne mettait pas fin à la puissance paternelle. En ce qui touche l'adrogation, l'adrogé qui avait des enfants passait avec ces derniers sous la puissance de l'adrogeant. Sa puissance à lui se trouvait donc momentanément éteinte; mais au décès de l'adrogeant, l'adrogé redevenu *sui juris* acquérait de nouveau sur les enfants la *patria potestas*.

7° Lorsqu'une fille de famille passait *in manum mariti* par la *coemptio*, la puissance paternelle était éteinte. La *manus* et la *patria potestas* étaient deux puissances incompatibles, puisque l'une avait pour but de remplacer l'autre.

ANCIEN DROIT.

Si, aussitôt que nous quittons le droit romain, nous arrivions à étudier la puissance paternelle dans notre droit, nous ne saurions en vérité nous rendre compte de l'abîme qui sépare les deux législations. Nous ne pourrions comprendre comment notre droit, qui si souvent n'est que le reflet du droit romain, s'en est autant écarté dans la matière qui nous occupe. Autant nous avons vu à Rome la puissance du père absolue, énergique, despotique, même arbitraire, autant, chez nous, nous verrons cette même puissance timide et presque craintive, non-seulement restreinte, mais encore comprimée. A Rome, l'intérêt du père est toujours mis en avant, sa personnalité absorbant la personnalité de son enfant. Chez nous, rien de tout cela, l'intérêt de l'enfant marche toujours le premier ; le père n'est plus un maître, ce n'est tout au plus qu'un guide, qu'un tuteur ; la personnalité du fils est reconnue. Nous serions presque tentés de dire que le législateur a trop favorisé l'enfant et qu'il a témoigné à l'égard du père une injuste défiance. Dans notre droit, en effet, nous verrons qu'à force d'avoir voulu sauvegarder les intérêts de l'enfant, la loi en est arrivée à voir dans le père un ennemi plus qu'un conseil, plus un objet de défiance que de sécurité et de garantie. Effrayée sans doute de l'excès de la puissance paternelle à Rome, notre législation est tombée dans un excès contraire de celui qui a caractérisé si énergiquement la législation romaine.

A quoi donc faire remonter un aussi grand changement, une si étonnante innovation? Il est incontestable que nous en trouvons déjà une raison dans l'époque même à laquelle le travail sur la puissance paternelle a été fait. Préoccupé avant tout des idées de liberté et d'indépendance, et de la crainte des abus d'autorité, le législateur a posé comme un principe absolu l'indépendance des enfants pendant la majeure partie de leur vie, en réduisant le rôle du père à celui d'un tuteur pendant leur minorité; tout ce qu'il a accordé de plus à la dignité du nom de père, paraît lui être arraché comme des concessions faites à un sentiment instinctif dont il ne se rend pas bien compte, dont il ne voit pas clairement le fondement rationnel, et auquel on est tenté de dire qu'il se reproche de céder. On sortait de la révolution, on était citoyen avant d'être fils. Toute autorité semblait une usurpation.

Mais ce serait une erreur que de croire que cette raison politique est la seule pour laquelle notre Code s'est montré aussi réservé et aussi timoré dans l'exercice de la puissance paternelle. Il y a aussi des raisons historiques, et nous allons tâcher de montrer comment, des éléments nouveaux étant venus se juxtaposer aux éléments de droit romain, ces éléments ont amené d'aussi grandes modifications dans les droits du père sur ses enfants.

Nous avons dit et essayé d'indiquer les progrès successifs de la législation romaine ; nous avons exposé les changements importants que le temps et l'état des esprits avaient fini par faire pénétrer dans la loi des Romains. Sous Justinien, bien des droits exorbitants du père avaient disparu. Le droit de vie et de mort aboli, la vente prohibée en général, le droit de correction restreint et garanti par l'intervention du magistrat, l'ordre des successions fondé sur les liens. du sang, étaient de grands et réels progrès, tout en n'ayant été arrachés que par lambeaux ! De plus la théorie des pécules aboutissait en partie à reconnaître la personnalité du fils et à empêcher qu'elle ne fût absorbée dans celle du père. C'est ainsi qu'arriva le droit romain à nos anciens pays du droit écrit. Mais à côté des principes romains apparurent des principes nouveaux, qui non-seulement régirent les pays coutumiers, mais encore vinrent faire sentir leur esprit jusque dans les pays mêmes où la législation romaine dominait.

L'ancien droit gaulois se rapprochait du droit romain en un point. César nous dit lui-même que le père avait le droit de vie et de mort sur ses enfants, et Gaius (1) nous rapporte aussi que les Galates, colonie gauloise, ont une puissance sur leurs enfants semblable à la puissance romaine. Gaius ajoute que, chez les Galates, cette

---

(1) Gaius, Comm. 1, § 55.

puissance durait toute la vie de l'enfant. Mettant les Galates à part, n'est-ce pas dire que les Gaulois n'avaient pas cette *potestas* toute la vie? C'est là une grande différence avec le droit romain, mais ce n'est pas la seule. L'enfant était émancipé par le mariage. Le fils, en se mariant, formait une nouvelle famille, dont il était le chef. Quant aux biens, la succession *ab intestat* prédominait sur la succession testamentaire; c'est le contraire de ce qui se passait à Rome. *Heredes gignuntur et non scribuntur*, nous dit Symmaque. L'origine en est un sentiment d'une sorte de copropriété entre tous les membres d'une même famille. Le principe se perpétuera dans notre droit coutumier, et du même principe découlera encore la nécessité du consentement des héritiers à l'aliénation des propres; le retrait lignager lorsque ce consentement n'avait pas été donné, enfin le principe de la conservation des biens dans la famille, les réserves coutumières et le retour des propres, dans la ligne d'où ils viennent, ce sont là des règles toutes nouvelles, complétement étrangères au droit romain et venant, selon toute probabilité, des idées gauloises, sur la constitution de la famille et des droits des parents entre eux.

Mais ce n'est pas la seule influence qui se soit fait sentir à côté de celle du droit romain. Les Germains apportèrent un nouvel élément, qui devait laisser des traces profondes et régir une partie de la France. Le système germain sur la puissance paternelle était diamétralement opposé au système romain. A Rome, l'enfant venait au dernier rang; en Germanie, il occupait le premier. Le père n'avait qu'un pouvoir de protection sur ses enfants aussi bien que sur sa femme : ce pouvoir était le *mundium*; le père était simplement le tuteur légal de ses enfants.

Quant aux biens, les Germains ignoraient le testament, mais ils faisaient des conventions à l'effet de succéder, et encore cela n'était possible qu'autant que l'on n'avait ni enfants ni descendants. Au reste, grande était en Germanie la solidarité de la famille. Dans le droit germain, le pouvoir public n'intervenait pas pour la répression d'un crime, à moins qu'il n'intéressât l'Etat. Un individu lésé avait à se venger lui-même. De là des guerres de famille à famille. Ces guerres n'étaient pas irréconciliables : il y avait des accommodements. Il s'établissait un tarif de rachat des délits; c'est ce qu'on appelait le *fredum*. Eh bien! pour payer le montant de ces compositions, et si l'aliénation des biens patrimoniaux était nécessaire, il fallait le consentement des proches. Seulement cette société paraît avoir été moins étendue qu'en Gaule : chacun de ses membres pouvait en sortir en accomplissant certaines cérémonies.

Ce fut dans les pays de coutume que l'influence du *mundium* se fit particulièrement sentir et finit même par triompher exclusivement. La puissance paternelle n'était qu'un pouvoir de protection sur l'enfant mineur, un devoir et à peine un droit pour les parents. C'était, dit Bretonnier (1), une maxime triviale que la puissance paternelle n'a pas lieu dans les pays coutumiers. Loysel, dans ses *Institutes coutumières*, a dit : *Droit de puissance paternelle n'a lieu.* Mais ce ne fut qu'au XVIᵉ siècle que cette règle apparut, quant aux biens, pour la pre-

______

(1) Bretonnier, *Quest. de droit*, vᵒ *Puis. pat.*, pages 117, 118.

mière fois, formulée dans la coutume de Senlis en 1539 : jusque là la règle romaine avait prévalu, et les enfants en puissance acquéraient pour leur père et mère.

La maxime de Loysel ne voulait pas dire, bien entendu, que, dans les pays de coutume, les père et mère n'avaient aucune autorité sur leurs enfants. On exprimait seulement ainsi que la puissance paternelle des pays de droit écrit, cette puissance dont l'idée fondamentale était toute romaine, n'y était pas observée.

La puissance paternelle existait d'ailleurs aussi dans les pays de coutume, mais avec des caractères et des effets très-différents de la puissance paternelle des pays de droit écrit.

Fondée principalement sur l'intérêt des enfants eux-mêmes, la puissance paternelle des pays de coutume était pour les parents une conséquence et un moyen d'accomplissement de l'obligation qui leur était imposée d'élever leurs enfants. Il en résultait qu'elle appartenait à la mère aussi bien qu'au père, en remarquant toutefois que la mère ne pouvait l'exercer qu'à défaut du père, et elle finissait non-seulement par l'émancipation volontaire, mais encore par la majorité et le mariage de l'enfant (1).

Quant aux effets de cette puissance, Guy-Coquille nous dit : « *La puissance paternelle n'est que superficiaire en France, et par nos coutumes, en ont été seulement retenues quelques petites marques avec peu d'effet,* » et Denizart nous dit que les père et mère n'avaient guère plus

---

(1) Pothier, *Traité des personnes*, part. 1, tit. 6, sect. 2.

de pouvoir sur leurs enfants que les tuteurs sur leurs pupilles (1). C'est ainsi qu'ils gouvernaient leur personne et qu'ils administraient leurs biens, à charge de rendre compte des revenus, sauf l'application de la garde noble ou bourgeoise (2).

Dans les pays de droit écrit au contraire, le droit romain régnait encore à peu près dans l'état où nous l'avons vu à la fin de l'empire.

En conséquence, la puissance paternelle attribuée au père seul et refusée à la mère, durait en principe pendant toute la vie de l'enfant, qui restait toujours, quel que fût son âge, fils de famille, tant qu'il n'avait pas été émancipé. Mais en même temps, on admettait, outre l'émancipation expresse, une émancipation tacite, qui résultait : 1° du mariage de l'enfant avec le consentement de son père ; 2° de la nomination de l'enfant avec le consentement du père, à certaines fonctions publiques ; 3° enfin dans quelques pays encore, de cette circonstance, que le fils demeurait hors de la maison de son père, et avait tenu un ménage à part, tenu feu et lieu de son chef ici pendant dix ans, là seulement pendant l'an et jour (3).

La nature intrinsèque de la puissance paternelle s'était légèrement modifiée sans l'influence du *mundium* germanique ; on la considérait plus comme un pouvoir de protection : le droit de correction avait été

---

(1) Pothier, *Introduction à la coutume d'Orléans*, tit. 9.

(2) Bourjon, *Droit commun de la France*, lib. 1, tit. 5, ch. 1, sect. 1.— Pothier, *Coutume d'Orléans*, tit. 9, art. 178.

(2) Loisel, *Inst. cout.*, tome I, règle 56.

soumis à un contrôle très-efficace du juge, qui décidait
souverainement sur les corrections un peu graves, si bien
qu'il pouvait même prononcer une peine plus forte que la
peine demandée par le père, et en prononcer une, même
malgré le désistement du père. Le droit de vente avait
complétement disparu. Enfin, en cas d'abus de la puissance paternelle, on permettait aux enfants de recourir
devant le juge. Toutefois la législation romaine conservait encore plusieurs de ses caractères distinctifs. La perpétuité de la puissance paternelle, sauf dans les cas que
nous avons énumérés plus haut : par suite l'impossibilité pour le fils d'exercer aucune puissance sur ses
enfants, tant que vivait son père, du moins dans les pays
qui n'admettaient pas que l'émancipation mît fin à cette
puissance : la faculté pour le père en émancipant son
fils seul, ou ses petits-enfants seuls, de priver pour toujours son fils de toute puissance sur ses enfants, et enfin
l'exclusion absolue de la mère de toute participation à la
puissance paternelle ; ce sont bien là d'incontestables
vestiges du droit romain. Dans l'ordre des biens se conservait toujours l'incapacité perpétuelle du fils de famille,
et l'attribution au père de l'usufruit, quelquefois même
de la propriété de tout ce que le fils acquérait, sauf la législation des pécules, qui n'avait pas été modifiée depuis
Justinien.

Tel était l'état du droit lorsque la révolution de 1789
éclata. Le droit intermédiaire, s'il eut raison, par les
décrets du 28 août 1792 et du 31 janvier 1793, de corriger
ce que la puissance paternelle des pays de droit écrit
avait d'excessif, de contraire à la liberté du commerce et
de l'industrie et même aussi à la liberté individuelle,

le droit intermédiaire, disons-nous, commit une bien grande faute lorsque, le 16 août 1790, il dépouilla la puissance paternelle du droit le plus important qui lui restait, du droit de correction. C'était dépasser toute mesure : à force d'entraver l'autorité, on arrivait à la négation de tout, et les droits les plus saints, les plus justes, au nom de la liberté, étaient compromis et violés.

Voyons maintenant ce qu'a fait le Code Napoléon.

DROIT FRANÇAIS.

INTRODUCTION.

La puissance paternelle s'entend, dans notre droit, dans une double acception, une acception générale, une acception restreinte.

Dans le sens général, la puissance paternelle est l'ensemble des droits et des devoirs qui dérivent entre ascendants et descendants de leur qualité respective.

Dans un sens restreint la puissance paternelle a été définie par M. Réal, dans son *Exposé des motifs au Corps Législatif*: « Un droit fondé sur la nature et confirmé « par la loi, qui donne aux père et mère pendant un « temps limité et sous certaines conditions, la surveil- « lance de la personne, l'administration et la jouissance « des biens de l'enfant. »

Entendue dans le premier sens, la jouissance paternelle peut s'étendre à tous les ascendants, et, dans la plupart des cas, elle ne se termine que par la mort.

Entendue dans le deuxième sens, la puissance paternelle n'appartient qu'aux père et mère, et finit par la majorité ou l'émancipation de l'enfant.

Au premier ordre d'idée se rattache l'art. 371 du Code Napoléon, suivant lequel l'enfant doit à tout âge honneur et respect à ses père et mère. On a essayé de donner à cette règle des conséquences qu'elle ne renferme point : ainsi l'on a dit qu'elle mettait obstacle à l'exercice de toute action déshonorante de la part de l'enfant contre ses père et mère. Cette doctrine trouve sa réfutation dans l'art. 380 du Code pénal (1). En effet, l'enfant victime d'une soustraction frauduleuse commise à son préjudice par ses père et mère, peut demander des réparations civiles et partant exercer contre eux une action de nature à les déshonorer. D'ailleurs, à quel résultat scandaleux ne serait-on pas conduit dans le système que nous combattons ? Voilà un enfant qui a été victime de la part de ses père et mère de l'attentat aux mœurs, défini et puni par les art. 334-335 du Code pénal (2). Si l'opinion que nous réfutons est vraie, cet enfant ne pourra donc dé-

---

(1) Art. 380, Code pénal. « Les soustractions commises par des maris au préjudice de leurs femmes, par des femmes au préjudice de leurs maris, par un veuf ou une veuve quant aux choses qui avaient appartenu à l'époux décédé, par des enfants ou autres descendants au préjudice de leurs pères ou mères ou autres ascendants, par des pères ou mères ou autres ascendants au préjudice de leurs enfants ou autres descendants, ou par des alliés aux mêmes degrés, ne pourront donner lieu qu'à des réparations civiles. »

(2) Art. 334, C. p. « Quiconque aura attenté aux mœurs.... sera puni d'un emprisonnement de six mois à deux ans, et d'une amende de 50 à 500 francs.

« Si la prostitution ou la corruption a été excitée, favorisée ou facilitée par leurs pères, mères, tuteurs ou autres personnes chargées de leur surveillance,

poser de plainte et se constituer partie civile sous prétexte que le déshonneur de ses père et mère doit être la conséquence de son action. La loi du 17 avril 1832, en enlevant expressément aux descendants le droit d'exercer la contrainte par corps contre les ascendants, démontre victorieusement qu'avant sa promulgation cet exercice de la contrainte par corps n'aurait pas été empêché, sous le prétexte qu'il se serait mal concilié avec le respect que l'enfant doit à tout âge à ses père et mère. Le principe formulé dans l'art. 371 du Code Napoléon n'est donc qu'une règle, dont les autres articles ne font que tirer des conséquences, et qui peut tout au plus servir aux juges dans les questions douteuses, soit pour faire pencher la balance en faveur des descendants, soit pour rappeler par des admonitions sévères les enfants au respect qu'ils doivent à leurs père et mère, s'ils sont tentés de s'en écarter dans leurs moyens d'attaque ou de défense. C'est ce qui a été formellement reconnu soit au Conseil d'État par M. Réal, soit dans le sein du Tribunat par le rapporteur, soit enfin par le tribun Albisson au Corps Législatif : « On a d'ailleurs, dit M. Albisson, sagement « remarqué que cet article, placé en tête de la loi, de- « viendra pour les juges un point d'appui en beaucoup

---

la peine sera de deux ans à cinq ans d'emprisonnement, et de 300 à 1,000 fr. d'amende. »

Art. 335. « Les coupables du délit mentionné au précédent article seront interdits de toute tutelle et curatelle.....

« Si le délit a été commis par le père ou la mère, le coupable sera de plus privé des droits et avantages à lui accordés sur la personne et les biens de l'enfant par le Code civil, liv. 1, tit. 9. »

« d'occasions, telles, par exemple, que des contestations
« d'intérêt entre les enfants et leurs parents, où ceux-ci
« passant, dans leurs moyens d'attaque et de défense,
« les bornes que le respect doit leur prescrire, se met-
« traient dans le cas d'y être ramenés par des admoni-
« tions ou des actes d'animadversion plus ou moins
« sévères selon la nature de leur offense. »

Signalons maintenant quelques-unes des conséquences
qui nous paraissent avoir été formellement rattachées
par le législateur à l'art. 371 comme des dépendances.

Dans l'ordre du droit de famille, l'enfant doit à tout
âge requérir soit le consentement, soit le conseil de ses
ascendants, suivant les cas, pour pouvoir passer outre à
la célébration de son mariage, auquel les ascendants
peuvent former opposition (art. 148-154-173). Ceux-ci
peuvent, dans certains cas, demander la nullité du mariage une fois célébré (art. 182). La fille mineure et le
fils jusqu'à l'âge de 25 ans accomplis ne peuvent être
adoptés sans le consentement de leur père et mère
(art. 346). Le consentement est également indispensable
pour la tutelle officieuse (art. 361). Dans le même ordre
d'idées, la fille mineure et le fils jusqu'à l'âge de 25 ans
accomplis ne peuvent entrer dans une congrégation religieuse ou dans les ordres qu'avec le consentement de
leur père et mère. (Décret du 18 février 1809, art. 7. —
Décret du 28 février 1810, art. 4). En ce qui touche
l'obligation alimentaire, non-seulement les descendants
en sont tenus vis-à-vis de leurs ascendants, mais encore
ces derniers sont favorisés au point de vue du mode de
prestation, puisqu'ils ne sont pas obligés d'aller habiter

chez leurs descendants pour y recevoir le logement et la nourriture. (Art. 205-210-211.)

Dans l'ordre du droit privé, les ascendants sont les héritiers réservataires de leurs descendants, en telle sorte que si leur réserve se trouve entamée, ils ont contre les légataires et donataires une action pour faire réduire les libéralités excessives (art. 915). Ils ont la faculté de faire entre leurs enfants et descendants le partage anticipé de leurs biens. (Art. 1075 et suiv.)

Dans l'ordre du droit pénal, la qualité d'enfant ou de descendant entraîne certaines aggravations de pénalité. C'est ainsi que l'homicide volontaire commis sans préméditation par l'enfant sur ses père et mère, au lieu d'être qualifié meurtre, et d'être passible de la peine des travaux forcés à perpétuité, est qualifié parricide et devient passible de la peine de mort ; de plus il n'est jamais excusable (art. 323, C. P.). De même, les coups et blessures dont les ascendants ont été victimes de la part de leurs descendants, sont plus sévèrement punis que si, entre la victime et l'agent du délit, le rapport de filiation n'existait pas. (Art. 3 2, C. P.) (1).

Ce travail n'a pas pour objet d'exposer lés règles de la puissance paternelle entendue dans le sens le plus

---

(1) Art. 312, C. p. « Dans les cas prévus par les art. 309, 310, 311, si le coupable a commis le crime envers ses père et mère légitimes, naturels ou adoptifs, ou autres ascendants légitimes, il sera puni ainsi qu'il suit : Si l'article auquel le cas se référera prononce l'emprisonnement et l'amende, le coupable subira la peine de la réclusion ; si l'article prononce la peine de la réclusion, il subira celle des travaux forcés à temps ; si l'article prononce la peine des travaux forcés à temps, il subira celle des travaux forcés à perpétuité. »

large : il doit se borner à celles qui gouvernent la puissance paternelle dans le sens le plus restreint.

Dans cette sphère, nous examinerons : 1° les sources de la puissance paternelle ; 2° ses attributs ; 3° ses modes d'extinction. Nous suivrons, en un mot, la même division qu'en droit romain.

TITRE I.

Comment naît la puissance paternelle. — A qui elle appartient. — Par qui elle est exercée.

En abordant le droit français dans le sujet qui nous occupe, nous devons bien nous pénétrer de l'idée que nous ne trouverons aucun vestige de droit romain, et c'est peut-être une des matières où nos législateurs se sont le moins inspirés des travaux de leurs devanciers.

Nous avons vu à Rome la puissance paternelle découler de trois sources, les justes noces, la légitimation et l'adoption : il n'en est plus ainsi dans notre droit. D'abord l'adoption, ne pouvant s'appliquer en général qu'à une personne majeure, ne peut créer la puissance paternelle qui, elle, cesse avec la majorité de l'enfant. La puissance paternelle chez nous, naît de la génération ; que la génération ait eu lieu dans le mariage ou hors mariage, cela n'a pas une influence essentielle : cela amène seulement des différences de détails qu'il est inutile d'énumérer ici. Nous n'avons donc pas besoin d'ajouter que la légitimation ne peut pas être, dans notre droit, considérée comme une source de la puissance paternelle.

Voilà déjà une bien grande différence avec le droit romain ; ajoutons-en d'autres. A Rome, la puissance paternelle appartenait aussi bien à l'ordre politique qu'à l'ordre civil, et par suite de cette idée, les citoyens romains jouissaient seuls de ce droit exorbitant, qui se nommait la *patria potestas*. Chez nous, la puissance paternelle n'appartient plus à l'ordre politique, elle appartient à l'ordre civil : aussi accordons-nous aux père et mère étrangers les mêmes attributs de la puissance paternelle qu'aux père et mère français.

Dans la société romaine qu'était la femme? Non encore anoblie par le christianisme, elle était loin d'occuper le rang qu'elle doit si justement tenir et qu'elle tient dans nos pays modernes et civilisés. Quand elle était *in manu mariti* elle était *loco sororis* à l'égard de ses enfants, et *loco filiæ* par rapport à son mari. Même dans les autres cas, le père exerçait seul cette *patria potestas*. C'est une des gloires de notre droit que d'avoir établi la participation de la mère à la puissance paternelle. N'était il pas de la dernière justice de donner une part et une grande part d'influence à celle qui, le plus souvent, a consacré sa vie au développement moral, physique et intellectuel de son enfant? à celle qui, aussi bien que le père, a guidé de ses conseils et de sa tendresse celui qui lui doit la vie? Disons-le et tirons-en un légitime orgueil, c'est la gloire de notre temps que d'avoir donné à la mère et à la femme le rôle auquel elle est destinée! Le législateur lui-même auquel, en général, on ne saurait reprocher un excès de sentiment ou de délicatesse, a écrit dans la loi cette participation de la mère à la puissance paternelle. « L'enfant, dit-il dans l'art. 372, reste sous « leur autorité, jusqu'à sa majorité ou son émancipation.»

Mais en accordant à la mère une juste part dans l'éducation de ses enfants, il fallait savoir aussi éviter le

conflit, conséquence nécessaire de deux autorités conco-
mitantes. Aussi le législateur a-t-il écrit l'art. 373 à côté
de l'art. 372 « le père seul, dit-il, exerce cette autorité
« pendant le mariage. » Cette subordination de la mère à
son mari tient à ce que celui-ci est déjà investi de la
puissance maritale. (Art. 213.) Mais n'allons pas croire
que la rédaction de l'art. 373 réduise l'art. 372 à l'état
d'une lettre morte : n'allons pas nous imaginer que la
mère n'a que la jouissance du droit et qu'elle n'en a jamais l'exercice. Nous verrons tout à l'heure que du
moment que le père n'est plus à même d'exercer cette
magistrature domestique, la mère la prend en main ; elle
ne trouve plus d'obstacle à l'exercice de son droit : quelquefois même ce ne sera pas seulement à défaut du
père, mais en concours avec lui que la mère l'exercera ;
ainsi il faut que la mère aussi bien que le père consente
au mariage de son enfant ; et, si le consentement du père
l'emporte, c'est pour empêcher qu'une résistance, souvent
aveugle et irréfléchie, ne vienne entraver le mariage !
Nous trouvons les mêmes dispositions pour l'engagement
dans les ordres sacrés ou pour les vœux dans une communauté religieuse de femmes. Bien plus, au cas d'a-
doption, il faut le consentement simultané du père et de
la mère ; le refus de la mère peut neutraliser le consentement du père. Le texte de l'art. 346 est absolu : en
outre, chez nous, l'adoption produit des effets qui im-
portent trop à la mère pour qu'elle ne soit pas appelée à
donner son avis d'une manière efficace. Ne voyons pas
dans l'art. 148 *in fine*, « en cas de dissentiment, le consentement du père seul suffit, » une simple disposition
de détail, qu'on peut transporter d'un cas dans un
autre.

Voilà donc des cas exceptionnels dans lesquels l'article 373 ne reçoit pas toute son application. Nous allons voir dans le chapitre suivant combien, au contraire, le Code a été fidèle aux principes émis dans cet article, et hâtons-nous de dire que tout traité par lequel le mari consentirait à transmettre à la mère tout ou partie de la puissance paternelle, serait frappé de nullité, lors même que ce traité serait écrit dans le contrat de mariage. L'art. 1388 du Code Napoléon est formel (1). Disons, de même, qu'il n'est pas possible d'insérer dans un contrat de mariage, dans le cas où les époux professent une foi différente, que les garçons seront élevés dans telle religion et les filles dans telle autre. Nous ne pouvons nous ranger à l'opinion de MM. Rodière et Pont, qui prétendent qu'une pareille clause pourrait avoir une grande importance devant la justice appelée à prononcer sur un tel différend. Non! La puissance paternelle est d'ordre public et elle appartient au père : donc on ne saurait y déroger; donc on ne peut enlever à un père un droit aussi important que celui d'élever son enfant dans telle ou telle religion. En admettant même qu'on pût insérer une telle clause, quel moyen aurait-on d'empêcher le père de manquer à sa parole? Pour arriver à une sanction quelconque il faudrait renverser tout l'édifice de la puissance paternelle!

---

(1) Art. 1388. « Les époux ne peuvent déroger ni aux droits résultant de la puissance maritale sur la personne de la femme et des enfants, ou qui appartiennent au mari comme chef, ni aux droits conférés au survivant des époux par le titre de la *Puissance paternelle, de la Minorité, de la Tutelle et de l'Émancipation*, ni aux dispositions prohibitives du présent Code.

Tant que dure le mariage, l'application de l'art. 373 ne souffre aucune difficulté. Pendant le mariage le père exerce seul l'autorité paternelle, la mère, nous l'avons vu, l'exerce dans quelques cas concurremment avec lui ; mais en dehors de ces cas, la mère, légalement parlant, a la jouissance de ces droits, et ce ne sera qu'après la dissolution du mariage qu'elle en retrouvera l'exercice. Mariée, elle a l'influence indirecte, résultat nécessaire de l'affection conjugale ; elle guidera son mari, et souvent, en fait, ce sera elle qui élèvera l'enfant : mais la puissance légale est entre les mains du mari. C'est une question difficile que celle de savoir si la mère n'a l'exercice de cette puissance qu'autant que le mariage est dissous. Le mari, par exemple, a été privé de la puissance paternelle par application de l'art. 335 du Code pénal (1), ou bien il est interdit soit légalement soit judiciairement ; il est soit déclaré ou même seulement présumé absent, ou bien encore il a été placé dans une maison d'aliénés (loi du 30 juin 1838). Eh bien ! dans tous ces cas, on se demande si la femme n'aura l'exercice de la puissance paternelle qu'à la dissolution du mariage.

Un auteur, Proud'hon, ne se fondant que sur les textes, a résolu la question négativement. Il trouve un argument décisif dans le texte de l'art. 373, qui dit « durant le mariage, » et en en rapprochant l'art. 381 qui dit, « la mère survivante. » Ne s'attachant qu'au texte, cet auteur décide que l'exercice de la puissance ne passe à la mère, qu'une fois son mari mort. Malgré la grave autorité d'un

---

(1) V. ci-dessus, page 109.

tel auteur, nous ne pouvons admettre son interprétation. N'est-il pas évident, en effet, que la loi statue ici *de eo quod plerumque fit*, c'est-à-dire du cas où le mari garde sa capacité jusqu'à sa mort? En outre, la puissance paternelle est commune au père et à la mère, l'enfant est placé sous leur autorité (art. 371-372), c'est le père, sans doute en première ligne, qui exerce cette autorité; mais lorsqu'il en est empêché par un événement que la loi elle-même reconnaît, cet exercice doit logiquement revenir à la mère, puisque rien ne fait plus obstacle à l'action de l'autorité qui réside aussi bien dans la personne de la femme que dans celle du mari. Ouvrons les travaux préparatoires et nous verrons combien notre interprétation est conforme à l'esprit du législateur. Il ne fonde l'exclusion de la mère que sur la nécessité de l'unité de pouvoir : « le projet, disait M. Vesin, n'entend pas ne pas associer la mère à cette magistrature, elle l'exerce à son tour et prend la place du père, *s'il vient à manquer.* » Ces derniers mots sont aussi généraux que possible et nous montrent bien nettement quelle a été la pensée du législateur. La loi, d'ailleurs, fait elle-même l'application du système que nous soutenons : c'est ainsi que nous trouvons l'art. 141. (1), qui donne à la mère la surveillance des enfants lorsque le père a disparu. Nous voyons aussi dans l'art. 149 que le consentement de l'un des époux suffit, lorsque l'un des deux époux est mort ou qu'il se trouve dans l'impossibilité de manifester sa volonté : de

---

(1) Art. 141, C. N. « Si le père a disparu laissant des enfants mineurs issus d'un commun mariage, la mère en aura la surveillance, et elle exercera tous les droits du mari quant à leur éducation et à l'administration de leurs biens. »

même au cas de l'art. 2 du Code de commerce, le mineur peut faire le commerce avec la seule autorisation de sa mère au cas de décès, interdiction ou absence du père. S'il en est ainsi, à plus forte raison doit-on décider de même pour le cas où le père a subi une déchéance; c'est alors surtout qu'on n'a pas de ménagements à garder vis-à-vis de lui ! Ajoutons à tous ces arguments décisifs, selon nous, qu'il en était ainsi dans l'ancien droit, « la mère, dit Pothier, exerce la puissance paternelle non-seulement après la mort du père, mais encore dans le cas auquel, pour sa démence ou son absence, il ne pourrait pas l'exercer (1). »

Dans les divers cas que nous venons d'étudier, l'impossibilité pour le père d'exercer son droit a été légalement constatée, mais si le père n'est ni interdit, ni placé dans un établissement d'aliénés, la mère, selon nous, ne serait pas recevable à alléguer l'affaiblissement ou même l'anéantissement des facultés intellectuelles de son mari. Nous verrions là une trop grande source d'abus. N'exagérons pas toutefois l'importance de la question, car, en pareil cas, le fait l'emportera sur la théorie. La mère aura sans nul doute toutes les prérogatives de la puissance paternelle, prérogatives morales : mais nous ne saurions lui accorder le droit de faire détenir l'enfant. Nous sommes tenté de donner la même solution pour le cas où le père est éloigné ou s'il est en prison.

---

(1) Pothier, *Traité des personnes*, part. 3, tit. 6, sect. 2.

TITRE II.

Des attributs de la puissance paternelle.

Nous suivrons ici la même division que celle que nous avons suivie en droit romain; nous distinguerons donc la puissance paternelle en tant qu'elle porte sur la personne de l'enfant et en tant qu'elle porte sur les biens. Ce sont là des règles que nous exposerons dans deux chapitres différents. Mais à propos des biens, nous ne parlerons que de l'administration légale ; nous laisserons de côté l'usufruit légal qui donnerait à notre travail une trop grande extension.

CHAPITRE I.

DE LA PUISSANCE PATERNELLE SUR LA PERSONNE DES ENFANTS.

Définir d'une manière exacte et précise tous les attributs grands et petits de la puissance paternelle eut été une tâche impossible pour le législateur. « Il ne pouvait, « dit M. Demolombe, que s'en remettre, sur ces détails « de la vie domestique, aux mœurs, aux usages, aux ha- « bitudes des familles, surtout à la tendresse des parents.

« L'éducation des enfants, leur éducation physique et
« morale, voilà le but : la puissance paternelle n'est que
« le moyen. »

Le Code Napoléon a mis aux mains du père, deux droits
importants, que nous allons étudier avec grand soin, ie
droit de garde et le droit de correction. Nous les trouvons
réglementés dans le titre même de la Puissance paternelle, mais avant de les étudier, il nous faut parler d'un
autre droit, non moins important, qui est, nous pouvons
le dire, le fondement des deux autres. Nous voulons parler
du droit d'éducation, dont le Code lui-même pose le principe dans le titre du Mariage. Etudions-le tout d'abord,
car les deux autres droits sont comme la sanction de celui-là même.

SECTION I.

Droit d'éducation.

Art. 203, — « Les époux contractent ensemble par le
« fait seul du mariage l'obligation de nourrir, entretenir
« et élever leurs enfants. »

Art. 204. — « L'enfant n'a pas d'action contre ses père
« et mère pour un établissement par mariage ou autre-
« ment.»

Alors même que le législateur n'aurait pas pris soin de
formuler que ce n'est pas seulement un droit, mais encore
un devoir pour le père et la mère de nourrir, entretenir
et élever son enfant, la morale seule aurait suffi pour faire
passer à l'état de loi dans le Code des nations une aussi
incontestable vérité. A qui donc en effet devraient incom-

ber la charge et la difficulté d'élever un enfant, si ce n'est à son père et à sa mère? La nature aussi bien que la loi nous impose cette obligation et la société ne saurait se montrer trop sévère pour les parents oublieux de ce premier des devoirs.

Par ces mots nourrir, entretenir et élever son enfant, le Code n'entend pas seulement l'éducation matérielle, mais aussi l'éducation morale et intellectuelle. Il s'agit de l'esprit aussi bien que du corps. Ne nous dissimulons pas combien est important le rôle du père et de la mère en ce qui touche l'éducation d'un enfant. Sans être du nombre de ceux qui prétendent que l'éducation fait tout et que la nature ne compte pour rien, nous croyons à la puissante et légitime influence de l'éducation. Que d'enfants guidés par d'autres conseils, par une main plus ferme ne seraient pas tombés dans des écarts qui amènent trop souvent, hélas! dans une famille sinon le déshonneur, au moins les plus grands chagrins! Que d'enfants arrêtés à temps sur le chemin du vice ne seraient pas devenus des assassins ou des voleurs! Et combien souvent la gloire et le mérite d'un fils, la vertu et l'honnêteté d'une fille doivent revenir en grande partie au dévouement d'un père ou à la tendresse d'une mère!

Les bienfaits de l'éducation nous ne les nions pas, bien au contraire, nous sommes les premiers à les vanter et à leur donner tout le prix qu'ils méritent; toutefois nous ne voudrions pas aller trop loin. Tout en reconnaissant qu'en général le père et la mère savent donner à leur enfant la direction la plus conforme à ses goûts, à son aptitude et aussi à sa fortune, nous nous écarterons de l'opinion de ceux qui soutiennent que le père est maître absolu et arbitraire de l'éducation qu'il veut donner à ses enfants. Les partisans de ce dernier système se fondent sur l'article 372, donnant autorité au père sur la personne de son enfant. On argumente encore de l'art. 208, qui dit que les aliments ne sont accordés que dans la proportion des besoins de celui qui les réclame, et de la fortune de celui qui les doit. Or, dit-on, le besoin de l'enfant ne s'étend pas au-delà d'un moyen quelconque de gagner sa vie; donc le père en lui donnant un métier satisfait à son obligation. Non, répondons-nous, un père riche ne saurait par exemple imposer à son fils un travail d'artisan. Nos adversaires se fondent sur l'art. 208, mais il y a aussi dans cet article « et de la fortune de celui qui les doit » : en outre cet article est écrit au point de vue des aliments, il n'y est nullement question du droit d'éducation : quant à l'art. 372 nous reconnaissons que l'enfant est sous l'autorité de son père, souveraine, oui, mais arbitraire, non. Nous réservons le contrôle des tribunaux. La puissance paternelle a pour premier devoir l'éducation de l'enfant, son éducation morale et sociale, non moins que physique : il faut dès lors qu'il y ait un moyen juridique de forcer le père à l'accomplir. Ajoutons qu'il en était ainsi dans l'ancien droit (1).

Nous le voyons, le père et la mère doivent donner des soins à leurs enfants : soins moraux, soins matériels. Mais quelle est la sanction de cette obligation ? Ne cherchons pas de sanction civile, il n'y en a pas : l'impossibilité d'en établir une suffit à expliquer cette lacune.

---

(1) Pothier, *Traité du Contrat de mariage*, n° 384.

Comment contraindre quelqu'un à faire un acte ou
même une série d'actes? Il n'y a pour ainsi dire qu'une
sanction morale. Hélas! ceux qui pour élever leurs enfants convenablement n'ont qu'une pareille menace,
sans avoir au fond de leur cœur l'amour paternel, sont
bien certainement près de faillir et de manquer à leur
mandat! Mais il est aussi des actes dont la gravité indique chez le père et la mère un trop grand oubli de
tous les devoirs sociaux, et qui ont alors dicté au législateur certaines dispositions que nous allons faire connaître.

Citons les textes.

Art. 348, C. P. « Ceux qui auront porté à un hospice
« un enfant au-dessous de l'âge de sept ans accomplis,
« qui leur aurait été confié afin qu'ils en prissent soin
« ou pour tout autre cause, seront punis d'un emprison-
« nement de six semaines à six mois, et d'une amende de
« 16 francs à 50 francs. Toutefois, aucune peine ne sera
« prononcée s'ils n'étaient pas tenus ou ne s'étaient pas
« obligés de pourvoir gratuitement à la nourriture et à
« l'entretien de l'enfant, et si personne n'y avait
« pourvu. »

Art. 349. « Ceux qui auront exposé et délaissé en un
« lieu solitaire un enfant au-dessous de sept ans accom-
« plis, ceux qui auront donné l'ordre de l'exposer ainsi,
« si cet ordre a été exécuté, seront, pour ce seul fait,
« condamnés à un emprisonnement de six mois à deux
« ans, et à une amende de 16 francs à 200 francs. »

Art. 350. « La peine portée au précédent article sera
« de deux ans à cinq ans, et l'amende de 50 francs à
« 400 francs contre les tuteurs ou tutrices, instituteurs

« ou institutrices de l'enfant exposé et délaissé par eux
« ou par leur ordre. »

Art. 351. « Si, par suite de l'exposition et du délaisse-
« ment prévus par les art. 349 et 350, l'enfant est de-
« meuré mutilé ou estropié, l'action sera considérée
« comme blessures volontaires à lui faites par la per-
« sonne qui l'a exposé et délaissé ; et si la mort s'en est
« suivie, l'action sera considérée comme meurtre ; au
« premier cas, les coupables subiront la peine appli-
« cable aux blessures volontaires, et au second cas celle
« du meurtre. »

Art. 352. « Ceux qui auront exposé et délaissé en un
« lieu non solitaire un enfant au-dessous de sept ans
« accomplis, seront punis d'un emprisonnement de
« trois mois à un an, et d'une amende de 16 francs à
« 100 francs. »

Art. 353. « Le délit prévu par le précédent article sera
« puni d'un emprisonnement de six mois à deux ans, et
« d'une amende de 25 francs à 200 francs, s'il a été
« commis par les tuteurs ou tutrices, instituteurs ou
« institutrices de l'enfant. »

On s'est demandé si ces articles s'appliquent aux père
et mère, et notamment les art. 348 et 350 ?

M. Rauter soutient que oui, et fait remarquer que le
terme de tuteur employé par l'art. 350 est générique et
comprend tous ceux qui ont sur l'enfant un pouvoir ana-
logue à celui du tuteur : il comprend donc aussi le père
ou la mère même naturels. Cela résulte évidemment des
art. 376, 383, 389 et 390 du C. N.

Ce que nous venons de dire se rapporte spécialement
à ces soins qui touchent plus particulièrement à la per-

sonne. Nous le voyons, les sanctions d'une pareille obligation sont bien faibles contre celui qui y manque ; d'une part, la loi ne vient que quand la gravité du fait est telle qu'elle ne peut le laisser impuni, et encore ces pénalités ne sont-elles pas particulières au père et à la mère ; d'autre part nous avons vu qu'il n'y a aucune sanction civile. Si, au contraire, nous abordons la seconde partie de l'art. 203, relative à l'entretien et à l'éducation de l'enfant, nous ne trouvons aucune sanction pénale, si les parents désobéissent à la loi : mais il n'en est plus de même quant à la sanction civile. Tout à l'heure, pour les soins personnels, nous disions que le législateur n'avait pu en établir par suite de l'impossibilité même de le faire. Que sont, en effet, ces soins personnels qu'on ne saurait définir ni apprécier d'une manière exacte ? Ce sont cette sollicitude, cette tendresse, ce dévouement dont les père et mère entourent quotidiennement la personne de leur enfant ! Ce sont ces mille soins, ces mille prévenances qui se font sans qu'on les voie, que l'on sent plus encore qu'on ne les apprécie. Il n'en est plus de même de l'éducation matérielle et de l'entretien. Les vêtements, aussi bien que les leçons, coûtent à acheter : nous touchons à des soins que l'argent procure. Or, partout où est l'argent, il y a moyen de le remplacer ; nous trouverons donc ici une sanction civile ; si les parents ne font pas cette dépense, l'enfant aura une action contre eux pour les forcer à les faire. S'il n'en était pas ainsi, quelle serait la portée de l'art. 203 ? Le père serait obligé de fournir à l'entretien et à l'éducation de son enfant : il ne le ferait pas, et on n'aurait aucun moyen de le contraindre à exécuter ce que la loi lui ordonne ! La loi reconnaît un droit à l'enfant; elle doit donc lui donner le moyen de faire triompher ce droit. Mais, nous dira-t-on, cette action n'est n'est donnée nulle part expressément par la loi ! Oui, mais n'en est-il pas de même pour la demande d'aliments, et tout le monde reconnaît cependant que cette action peut être intentée? Enfin l'art. 204 nous fournit un argument *a contrario* décisif : la loi en refusant à l'enfant une action contre ses père et mère pour un établissement par mariage ou autrement, semble bien indiquer qu'elle lui en accorde une pour ce qui ne rentre pas dans l'art. 204.

Mais, alors qui donc agira sur l'enfant? Lorsque le père et la mère existent, et que le père exerce la puissance paternelle, sans aucun doute la mère aura qualité pour actionner le père, pour réclamer de lui l'éducation qui convient le plus à ses enfants; car l'art. 203 impose à la mère aussi bien qu'au père le devoir d'éducation ! Et cette surveillance, ce contrôle moral autant que réel, exercés par la mère ne seront-ils pas souvent les meilleures garanties de la solide éducation que le père donnera à son fils? Nous accorderons le même pouvoir au père dans les cas exceptionnels où ce serait la mère qui exercerait la puissance paternelle; seulement ce cas se présentera rarement; car l'incapacité du père ou sa mauvaise conduite aura été précisément la plupart du temps la cause même de la perte de sa puissance.

Supposons maintenant que le père ou la mère seule existe. Ce droit d'action dont nous parlons appartiendra au subrogé-tuteur, si le père ou la mère sont tuteurs; s'ils ne le sont pas, ce sera au tuteur qu'il appartiendra; personne ne saurait le contester, car bien évidemment ici il s'agit des intérêts du mineur, et on sait qu'ils sont confiés au tuteur et au subrogé tuteur.

Allons plus loin, et supposons que toutes ces personnes par suite d'une négligence et d'un égoïsme qu'on ne saurait trop flétrir, laissent l'enfant dans un cruel abandon, la famille et le ministère public auraient-ils le droit d'intervenir? Pour nous ce n'est pas une question! Pour la famille d'abord, qui pourrait voir une raison de l'écarter? Tout au contraire, la morale, la *reverentia* dont parle Juvénal, et qui est si bien due à l'enfant, doivent faire décider qu'on ne saurait confier à trop de mains le soin de faire obtenir à un enfant la première des richesses, une éducation convenable ; nous pouvons d'ailleurs invoquer ici l'art. 935, qui permet aux ascendants, même du vivant des père et mère, quoiqu'ils ne soient ni tuteurs, ni curateurs, d'accepter au nom du mineur la donation à lui faite : eh bien ! si la loi protége ainsi les intérêts pécuniaires de l'enfant, ne doit-elle pas au moins protéger autant les intérêts moraux? Quant au ministère public, n'est-ce pas le gardien de tout ce qui intéresse la société, et ne devons-nous pas mettre au premier rang parmi ces intérêts l'éducation des enfants? La Cour de Cassation a bien fait de donner le sens le plus large à la loi du 20 avril 1810.

Nous disions plus haut que les frais d'entretien et d'éducation ne se traduisaient pas seulement en procédés, en surveillance, en tendresse ou en dévouement : nous disions aussi que ces frais entraînaient nécessairement des dépenses d'argent plus ou moins considérables, selon la position de l'enfant, du père et de la mère.

Il s'agit maintenant de déterminer qui doit supporter ces frais. Il faut distinguer. L'enfant a des biens personnels ou il n'en a pas. Dans ce dernier cas, pas de difficulté ; ce sont les parents qui paient les frais d'entretien, d'éducation. L'art. 203 les obligeant à nourrir, entretenir et élever leurs enfants, entend bien leur imposer les dépenses nécessaires pour arriver à ce but. Au second cas, il faut considérer si les père et mère ont ou n'ont pas l'usufruit des biens personnels de l'enfant. Ont-ils cet usufruit, ils doivent pourvoir aux dépenses dont nous parlons (art. 385-2°), et ils n'en sont plus chargés aux mêmes conditions qu'ils l'étaient d'après l'art. 203 : usufruitiers, ils sont encore tenus de nourrir et d'élever leurs enfants, mais selon la fortune même de ces enfants, et non pas comme dans l'art. 203 d'après leur fortune personnelle. Si au contraire les père et mère n'ont pas l'usufruit des biens personnels de l'enfant, c'est une question controversée que de savoir si les parents doivent faire *de suo* les dépenses d'entretien et d'éducation ou si ces dépenses doivent être faites avec les revenus des enfants. Nous nous prononçons dans le premier sens. En effet, l'art. 203 impose aux époux sans distinction aucune, l'obligation d'élever leurs enfants, et l'art. 389 décide que le père est comptable quant à la propriété et aux revenus des biens dont il n'a pas la jouissance. Les art. 208 et 209, invoqués dans l'opinion opposée, ne parlent que de la dette alimentaire et ne sauraient, par conséquent, exercer une influence dans la question.

Mais qu'arrivera-t-il si les père et mère n'ont l'usufruit que d'une partie des biens de l'enfant? Pour être conséquent avec nous-mêmes, nous dirons que le père n'en devra pas moins supporter toutes les dépenses de nourriture, d'entretien et d'éducation, en telle sorte qu'en cas d'insuffisance des revenus qui lui appartiennent, il sera obligé de fournir ce supplément *de suo*, sans pouvoir le prendre sur les revenus de l'enfant. Sa qualité d'usufruitier ne saurait lui enlever sa qualité de père. De plus, l'art. 385-2°, ne distingue pas et paraît bien imposer aux parents toutes les dépenses d'entretien et d'éducation, dès qu'ils ont l'usufruit de certains biens de l'enfant. Telle était déjà autrefois la décision donnée par Pothier, pour le cas où l'enfant avait des biens situés dans le ressort des coutumes qui admettaient le droit de garde, et des biens dans le ressort d'autres coutumes, où ce droit n'était pas connu. Pothier décide que le père, dont la jouissance légale se trouve ainsi limitée à une portion des biens de l'enfant, est cependant tenu de supporter la totalité des dépenses. (Cout. d'Orléans, *Introduction au titre des fiefs*, n° 347 *in fine*.)

Nous venons de déterminer quelle était la portée de l'art. 203; il s'agit maintenant de montrer comment s'effectue, entre les époux, le compte des dépenses occasionnées par l'éducation de l'enfant. Car l'un et l'autre sont tenus : la dette est en principe commune aux deux époux, qui sont débiteurs conjoints.

Pour déterminer par qui, en dernière analyse, la dette devra être acquittée dans la pratique, il faut voir sous quel régime sont mariés les époux. Notons d'abord que c'est une dette mobilière et charge de fruits, car il n'est pas dans sa nature d'être payée sur le capital. Ainsi les époux sont-ils mariés sous le régime de la communauté, la dette incombe au mari comme chef (art. 1409-5° (1). Il en est de même sous le régime sans communauté et sous le régime dotal (art. 1530-1540-1549) (2), car il est usufruitier des biens de sa femme comme des siens : au cas de séparation judiciaire ou contractuelle, la dette grève conjointement le mari et la femme, eu égard aux revenus que touche chacun d'eux (art. 1448-1537) (3), mais la différence entre ces deux séparations est qu'au premier cas la contribution des époux est proportionnelle à leurs revenus respectifs, tandis que dans le second cas, elle

---

(1) Art. 1409-5°. « La communauté se compose passivement des aliments des époux, de l'éducation et entretien des enfants et de toute autre charge du mariage.

(2) Art. 1530. « La clause portant que les époux se marient sans communauté ne donne point à la femme le droit d'administrer ses biens, ni d'en percevoir les fruits; ces fruits sont censés apportés au mari pour soutenir les charges du mariage. »

Art. 1540. « La dot, sous ce régime comme sous celui du chapitre II, est le bien que la femme apporte au mari pour supporter les charges du mariage. »

Art. 1549. « Le mari seul a l'administration des biens dotaux pendant le mariage. Il a seul le droit d'en poursuivre les débiteurs et les détenteurs, d'en percevoir les fruits et les intérêts, et de recevoir le remboursement des capitaux. Cependant, il peut être convenu par le contrat de mariage que la femme touchera annuellement, sur ses seules quittances, une partie de ses revenus pour ses besoins et son entretien personnel. »

(3) Art. 1448, C. N. « La femme qui a obtenu la séparation de biens doit contribuer, proportionnellement à ses facultés et à celles de son mari, tant aux frais du ménage qu'à ceux d'éducation des enfants communs. Elle doit supporter entièrement ces frais s'il ne reste rien au mari. »

Art. 1537. « Chacun des époux contribue aux charges du mariage, suivant les conventions contenues dans leur contrat, et s'il n'en existe point à cet égard, la femme contribue à ces charges jusqu'à concurrence du tiers de ses revenus. »

peut être réglée différemment par la convention et à défaut de convention la dette est supportée par la femme, seulement jusqu'à concurrence du tiers de ses revenus et par le mari pour le reste.

Ayons soin de remarquer que cette dette est, comme les dettes alimentaires, proportionnée aux besoins du créancier et aux facultés du débiteur. Il est donc bien certain que si le père ou la mère se trouve dans l'impossibilité de rien faire pour l'enfant, l'autre conjoint accomplira l'obligation à lui seul; en effet le besoin de l'enfant est le même, et on ne peut plus déduire ce que payait l'autre époux (1). Les art. 1448 et 1537 sont l'application du principe que nous énonçons, et bien qu'il n'y soit question que de la femme, il faut décider de même pour le mari. La loi n'en a pas parlé, parce que, comme c'est lui qui, en général, fait des dépenses, il n'y avait pas lieu de lui donner le droit d'agir en contribution contre lui-même.

En vertu des mêmes principes, nous admettons que si l'un des époux qui exerçait la puissance paternelle, le père, supposons, a contracté des obligations pour l'entretien et l'éducation de ses enfants, et qu'il soit insolvable, les tiers créanciers pourront poursuivre directement la femme : la femme en effet est tenue de toute

---

(1) Il en a été décidé ainsi par les Cours de Grenoble et de Paris, mais en se fondant sur ce que l'obligation des père et mère est solidaire et indivisible. Cela ne saurait être ce motif : il n'y a pas indivisibilité, car cette obligation peut très-bien être acquittée par partie, et dans ses effets pécuniaires, elle est parfaitement divisible. Il n'y a pas non plus solidarité, car la solidarité ne peut résulter que de la convention ou de la loi, et aucun texte de loi ne prononce la solidarité.

l'obligation d'éducation lorsque le mari ne peut pas payer ; peu importe qu'elle l'acquitte au moment où les dépenses se font ou plus tard, Le mari peut être considéré comme mandataire ou gérant d'affaires de la femme, lorsqu'il a contracté ces obligations ; on peut même considérer les tiers comme gérants d'affaires de la femme, puisqu'ils ont acquitté une obligation dont elle était tenue.

L'obligation imposée par l'art. 203 résulte, tant au point de vue légal qu'au point de vue philosophique, de la qualité de père et de mère ; elle n'est pas subordonnée à l'exercice de la puissance paternelle. Ainsi, non-seulement la mère devra y contribuer, quoique la puissance paternelle soit exercée par son mari seul ; mais encore le mari, empêché ou déchu, devra aussi y contribuer, quand la puissance paternelle sera exercée par sa femme ; et aussi les deux époux ou le survivant devront faire les frais d'éducation, quand même la puissance paternelle leur serait enlevée. On s'est demandé si cette obligation est imposée aux autres ascendants comme aux père et mère. Nous n'hésitons pas à répondre négativement, en nous fondant sur l'esprit de la loi et sur le texte même de l'art. 203. Il est incontestable qu'il n'a pas été dans la pensée des rédacteurs du Code de donner aux ascendants la plénitude de la puissance paternelle : le titre de la Puissance paternelle ne renferme pour eux aucune vocation à cet égard. Après la mort des parents, c'est la tutelle qui est organisée ; ce qui reste de la puissance paternelle passe au tuteur et au conseil de famille, et si certains droits, tels que le consentement au mariage et à l'adoption, restent entre les mains des ascendants, c'est que le législateur a trouvé que de pareils droits étaient plus du ressort des ascendants que d'un tuteur ou d'un conseil de famille, et que pour de pareilles questions la famille est trop intéressée pour pouvoir l'écarter. Nous voyons donc bien que la puissance paternelle n'est plus entre les mains des ascendants ce qu'elle est entre les mains des père et mère.

Or, si la cause diffère, la conséquence doit différer aussi, et la loi n'a donc pas dû imposer aux ascendants les mêmes obligations qu'aux père et mère. Aussi l'article 203 ne parle-t-il que des enfants et non des autres descendants ; sans aucun doute, le mot « enfants » ne comprend pas ici les descendants, parce que, dans cette matière et dans les matières analogues, le Code spécifie toujours quand il entend parler de tous les descendants ou de tous les ascendants, et pas seulement du premier degré : de plus, si le mot « enfants » comprenait les descendants, nous donnerions une trop grande étendue à l'art. 203 ; nous arriverions à ce résultat d'imposer le devoir d'éducation aux ascendants, lors même que les père et mère pourraient le remplir. Il est bien certain que les ascendants sont moralement obligés d'élever leurs descendants, mais nous refusons à cette obligation le caractère juridique. Nous ne pouvons argumenter de ce qu'il en est ainsi pour le père et la mère ; pour les ascendants, l'obligation morale est moins étroite ; l'intérêt social moins compromis : et, Dieu merci, il est rare que l'enfant ait le malheur de perdre pendant sa minorité et son père et sa mère ! Enfin, cette obligation de l'art. 203 a pour cause le mariage ; or, en se mariant on s'engage bien à élever ses propres enfants ; mais il est

évident que l'on n'a pas en vue les enfants de ses enfants. Que l'on ne nous dise pas que notre système est
inique, car les tribunaux pourront toujours trouver le
moyen de faire acquitter aux ascendants le devoir que la
morale leur impose; ils comprendront, si les circonstances l'exigent, certains frais d'éducation dans la dette
alimentaire des ascendants.

Nous ne saurions étudier le droit d'éducation sans
dire un mot du droit de surveillance qui s'y rattache
intimement. Le Code a eu soin de s'en expliquer lui-
même, et dans l'art. 1384-2°, il a écrit la sanction de
l'art. 203 : « Le père, et la mère, après le décès du mari,
« sont responsables du dommage causé par leurs en-
« fants mineurs habitant avec eux, »

Ce droit incombe à la mère non-seulement lorsque le
mari est mort, mais même du vivant de son mari lorsqu'elle exerce la puissance paternelle. Ce devoir de surveillance est la conséquence nécessaire du droit de
garde; c'est celui qui garde l'enfant qui doit le surveil-
ler, et il s'agit ici aussi bien de la garde de droit que de
la garde de fait; nous voyons en effet la loi décider
ainsi pour les maîtres et instituteurs qui, certes, n'ont
qu'un droit de garde bien restreint : « Les maîtres et les
« commettants sont responsables du dommage causé par
« leurs domestiques et préposés dans les fonctions aux-
« quels ils sont employés; les instituteurs et les arti-
« sans du dommage causé par leurs élèves et apprentis
« pendant qu'ils sont sous leur surveillance. »

La loi limite ce devoir de surveillance à la condition
que l'enfant habite avec ses parents : il n'en est donc
plus de même si l'enfant a été confié à la direction, par

exemple, d'un couvent, d'une pension, en un mot à d'autres personnes appelées à prendre soin de lui.

La question de savoir si l'art. 1384 s'applique aux enfants mineurs émancipés est vivement controversée. Il ne s'agit pas de l'émancipation directe. Personne ne doute que l'émancipation résultant du mariage ne soustraie les enfants à la surveillance de leurs père et mère.

L'affirmative, soutenue par de nombreux et puissants esprits, s'appuie sur le texte même de l'art. 1384-2°, conçu en termes généraux, qui parle des enfants mineurs sans distinction ; et on ajoute que les parents ne doivent pas profiter du tort qu'ils ont eu d'émanciper un enfant incapable de se conduire. Enfin on argumente de certaines lois spéciales qui prorogent la surveillance des parents au-delà même de l'émancipation (Code rural, art. 7 ; Code forestier, art. 206 ; loi du 3 mai 1844, art. 21).

Telle n'est point notre opinion. Nous répondrons d'abord au texte même de l'art. 1384, en disant que les partisans du premier système sont toujours forcés d'arriver à une distinction qui n'est pas admise par le texte, puisqu'ils admettent comme nous que l'émancipation résultant du mariage enlève les enfants mineurs à la surveillance de leurs parents. Pourquoi donc admettre une distinction pour en rejeter une autre? De plus, la raison et les travaux préparatoires nous montrent la relation de l'art. 372 avec l'art. 1384. L'idée de surveillance est rattachée à l'idée d'autorité ; les parents sont responsables parce qu'ils sont réputés avoir été à même d'empêcher l'enfant de faire mal. Quant à la faute que l'autre système impute aux parents d'avoir émancipé un enfant qui ne mérite pas de l'être, c'est là un argument qui nous touche peu. Est-ce parce qu'un enfant aura commis un délit quelquefois de maigre importance qu'il sera moins digne d'obtenir son émancipation? Quant aux lois spéciales, nous pouvons dire qu'elles ont précisément pris soin de s'expliquer parce que l'on aurait décidé autrement, en ne s'en rapportant qu'au Code Napoléon.

Nous n'avons parlé jusqu'ici que des enfants légitimes. Il est utile de dire quelques mots de l'enfant naturel simple : nous ne nous occuperons pas des enfants adultérins et incestueux , puisque c'est une filiation que la loi interdit de rechercher, et alors même que cette filiation est certaine la puissance paternelle ne peut exister.

Il est hors de doute que l'art. 371 s'applique aussi bien à l'enfant naturel qu'à l'enfant légitime ; c'est une disposition qui appartient à la morale autant qu'au droit : mais la loi a-t-elle chargé les père et mère naturels d'élever leurs enfants ?

La raison de douter vient de ce que l'art. 383 ne déclare applicable aux père et mère naturels que quatre articles de notre titre (376. 377. 378. 379) et qu'il ne mentionne pas l'art. 372, qui précisément place l'enfant sous l'autorité de ses père et mère. Il n'y a aucun argument à tirer d'une telle omission : en effet un article du projet était ainsi conçu. « Les articles du présent « titre seront communs aux père et mère des enfants « naturels légalement reconnus. »

Comme on ne voulait pas de cette disposition, afin de priver les père et mère naturels de l'usufruit des biens de leurs enfants, on modifia l'article, et en le modifiant, on oublia d'y comprendre certains articles qui doivent évidemment être appliqués aux père et mère naturels. Comment, en effet, serait-il possible que les père et mère naturels eussent le droit de correction s'ils n'avaient l'autorité, dont ce droit n'est que le moyen ? Comment auraient-ils le droit de correction, s'ils n'étaient pas chargés de la direction et de l'éducation de leur enfant ? A quelle époque finirait ce droit de correction, si l'art. 372 ne leur était pas applicable ? Serait-ce à l'époque de la majorité ou de l'émancipation de l'enfant ? De plus nous avons dit que l'art. 203 ne faisait que consacrer une obligation naturelle, qui existerait indépendamment même d'une loi ; et tous les articles qui règlent les rapports juridiques des père et mère naturels avec leurs enfants, supposent nécessairement que l'éducation de ces enfants, le soin de les protéger et de les diriger est confié par la loi à leurs père et mère.

Quant aux questions de savoir à qui doit appartenir la garde de l'enfant, comment s'exerce le droit de correction, nous les étudierons quand nous traiterons de ces droits mêmes, touchant les enfants légitimes.

SECTION II.

Du Droit de garde.

Art. 374. « L'enfant ne peut quitter la maison pater-
« nelle sans la permission de son père, si ce n'est pour
« enrôlement volontaire, après l'âge de 18 ans ré-
« volus. »

Le Code ne parle que de la maison paternelle ; mais il ne faut pas s'en tenir à la lettre de notre article, et il est évident qu'il a entendu parler de tout autre lieu dans lequel l'enfant aurait été placé, soit la pension par exemple, soit le couvent, soit la maison de commerce où il aurait été mis pour faire ses études ou son apprentissage. Aussi l'art. 354 du Code pénal est-il mieux rédigé, en disant : « Les lieux où ils étaient mis par ceux « à l'autorité ou à la direction desquels ils étaient sou- « mis ou confiés. »

Faisons une seconde observation sur notre art. 374 : il faut ajouter aux mots « sans la permission de son « père » ceux-ci « ou de la mère, » lorsque c'est la mère qui exerce la puissance paternelle : car ses droits sont à cet égard les mêmes que ceux du père.

L'art. 374 fait exception au droit de garde, en faveur de l'enrôlement volontaire à partir de l'âge de 18 ans de l'enfant. La loi du 21 mars 1831 a élevé cet âge jusqu'à 20 ans. Cette exception est unique; et déjà elle était admise dans notre ancien droit « l'intérêt public, disait « Pothier, l'emporte alors sur l'intérêt particulier des « père et mère. » On a voulu que la conscription devînt, le moins qu'il serait possible, le moyen de recruter l'armée : c'est par cette raison qu'on a permis les remplacements ; et c'est par la même raison qu'on a permis les enrôlements volontaires contre le gré des père et mère. Si on a reculé de 18 à 20 ans, le droit pour les enfants de s'enrôler volontairement, c'est qu'il ne fallait pas leur donner le moyen d'abandonner trop tôt la maison paternelle, même pour le service militaire : il fallait aussi sauvegarder l'intérêt même des enfants qu'un amour trop grand d'indépendance aurait facilement poussés à contracter des engagements volontaires.

La sanction du droit de garde est dans le droit pour le père d'employer la force publique pour ramener l'enfant au domicile qu'il lui a assigné. C'est en vain qu'on nous objecterait l'art. 2063, qui dit que la contrainte par corps ne peut être prononcée que dans les cas déterminés par une loi formelle, et qu'aucune loi n'autorise ce mode d'exécution contre l'enfant : c'est en vain encore qu'on nous objecterait que la contrainte par corps est complétement prohibée entre parents en ligne directe. (Loi du 17 avril 1832, art. 19-2°) Il ne s'agit pas, en effet, d'une contrainte par corps dans le sens des art. 2059 et suivants, Code Nap., et de la loi du 17 avril 1832. Ici il n'est plus question d'une contrainte par corps pour une dette pécuniaire, il s'agit d'un droit de la puissance paternelle expressément reconnn par la loi et qui ne peut pas être dépourvu de sanction. Il s'agit d'assurer aux prescriptions de la loi et aux ordres de la justice l'autorité qui leur est toujours due. « Le fils, disait le premier « Consul, ne peut sans le consentement de son père, « quitter la maison paternelle, ni voyager. S'il se le per- « met, le père a le droit de le faire ramener.» Il faut que la disposition de l'art. 374, ait une sanction, et celle dont nous parlons est la seule possible.

Restant fidèle à cet ordre d'idées, nous pensons qu'il suffit alors pour mettre en mouvement la force publique, d'obtenir un ordre du président du tribunal. Cette solution en cas d'urgence est incontestable. Les art. 806 du Code de proc. et suivants (1) ne nous permettent aucun

---

(1) Art. 806, Code de procédure. « Dans tous les cas d'urgence, ou lorsqu'il s'agira de statuer provisoirement sur les difficultés relatives à l'exé-

doute : nous décidons encore de même, au cas de non urgence, en argumentant *à fortiori* de l'art. 377 du Code Napoléon. En effet c'est le président qui est chargé de délivrer un ordre bien plus rigoureux encore, l'ordre d'arrestation de l'enfant pour le faire détenir. A plus forte raison peut-il délivrer un ordre semblable pour le faire ramener dans la maison paternelle.

Le ministère public pourrait aussi, en vertu des pouvoirs de sa charge, venir en aide à la puissance paternelle. C'est ainsi qu'il peut poursuivre l'enfant pour vagabondage (Code pén., art. 269 à 271). Il peut poursuivre aussi ceux qui le retiennent pour crime de détournement de mineur (Code pén., art. 354) ou de séquestration illégale (Code pén., art. 541 et suivants ; et Instr. crim., art. 615 et suivants).

Jusqu'ici nous n'avons parlé que de la garde des enfants légitimes. Examinons si les mêmes règles s'appliquent aux enfants naturels. La première question qui se présente est celle de savoir si les enfants naturels sont soumis à la garde de leurs parents : nous l'avons résolue d'une manière affirmative à propos du droit d'éducation.

---

cution d'un titre exécutoire ou d'un jngement, il sera procédé ainsi qu'il va être réglé ci-après. »

Art. 807. « La demande sera portée à une audience tenue à cet effet par le président du tribunal de première instance, ou par le juge qui le remplace, aux jour et heure indiqués par le tribunal.

Art. 808. « Si néanmoins le cas requiert célérité, le président, ou celui qui le représentera, pourra permettre d'assigner, soit à l'audience, soit à son hôtel, à heure indiquée, même les jours de fêtes ; et, dans ce cas, l'assignation ne pourra être donnée qu'en vertu de l'ordonnance du juge, qui commettra un huissier à cet effet. »

Il s'agit maintenant de déterminer à qui, du père ou de la mère, sera confié ce droit. Point de difficulté si l'enfant n'a été reconnu que par son père ou par sa mère seulement : ou si le père et la mère l'ayant également reconnu, l'un des deux est décédé ou se trouve par une cause quelconque dans l'impossibilité d'exercer la puissance paternelle : l'éducation et la garde de l'enfant appartiennent alors régulièrement au père ou à la mère, qui seul l'a reconnu : si tous deux l'ont reconnu, à celui qui a survécu ou qui est capable de diriger son éducation; nous parlerons plus loin des cas qui pourraient, suivant les circonstances, amener l'intervention des magistrats.

La question devient plus difficile lorsque le père et la mère ont reconnu l'enfant, qu'ils existent encore tous les deux et qu'ils sont aussi tous les deux capables. Nous pensons qu'en pareil cas c'est au père naturel qu'appartiennent la garde et l'éducation de l'enfant. Nous lui accordons la même prérogative qu'au père légitime; il nous semble en effet contraire à l'intérêt de l'enfant d'accorder sur lui un double droit de garde : il faut éviter de fâcheux tiraillements, et du moment qu'il faut donner une préférence, cette préférence nous paraît devoir appartenir au père : l'enfant portera le nom de son père, il en prendra aussi la nationalité : de plus, en cas de mariage c'est le consentement du père qui l'emporte. Que l'on ne nous objecte pas qu'il peut y avoir danger à donner ainsi d'avance le droit de garde à un père qui peut-être n'est qu'un débauché, un homme sans honneur et sans foi ! Car la mère pourra réclamer et les tribunaux pourront enlever l'éducation et la garde au père indigne d'une telle mission; ils pourront statuer pour le plus grand intérêt de l'enfant. Une autre opinion décide que le père et la mère ont ensemble et concurremment la garde et l'éducation de l'enfant. On raisonne ainsi : les droits de la mère naturelle sont égaux aux droits du père, toutes les fois qu'un texte n'accorde pas une prépondérance quelconque au père : or, aucun texte n'attribue au père, par préférence à la mère, la garde et l'éducation de l'enfant commun ; donc cette éducation leur appartient à titre égal et concurremment. Nous répondons à ce raisonnement par le danger que nous avons signalé d'un double droit de garde sur la personne de l'enfant, par ces tiraillements dont nous avons parlé, par cette sollicitude que mérite l'enfant naturel autant que l'enfant légitime, car pourquoi le punir de la faute de ses parents? Nos adversaires invoquent l'art. 383 qui attribue le droit de correction aux père et mère des enfants naturels légalement reconnus. Oui, mais l'art. 383 renvoie aux art. 376 et suivants : or, ces articles parlent de l'enfant légitime, et là, c'est le père qui exerce ce droit de préférence à la mère, par suite des considérations dont nous avons déjà parlé, et ces considérations militent aussi bien en faveur de l'enfant naturel que de l'enfant légitime ; et puisque l'art. 383 renvoie aux dispositions dans lesquelles le père est préféré à la mère, n'est-il pas juste de donner à ce renvoi toute son étendue ? Quant à l'art. 302 (1) dans lequel nos adversaires trouvent un

____

(1) Art. 302. « Les enfants seront confiés à l'époux qui a obtenu le divorce, à moins que le tribunal, sur la demande de la famille ou du ministère public, n'ordonne, pour le plus grand avantage des enfants, que tous ou quelques-uns d'entre eux seront confiés aux soins, soit de l'autre époux, soit d'une tierce personne. »

nouvel argument, nous dirons, en argumentant des raisons que nous avons dites plus haut, que cet article n'est pas applicable régulièrement et de plein droit à notre hypothèse. L'art. 302 est la conséquence d'un procès de divorce ; et le tribunal, actuellement saisi, statue en même temps que sur le sort des époux, sur le sort des enfants. Mais au contraire, ici, nous supposons que c'est avant toute contestation qu'il s'agit de résoudre la question, de savoir auquel du père ou de la mère appartiennent la garde et l'éducation de l'enfant.

Au reste, dans les deux systèmes, nous réservons le pouvoir discrétionnaire des tribunaux, ce qui enlève un peu d'importance à la controverse que nous venons d'étudier ; car elle ne s'élèvera que quand il s'agira de savoir à qui appartiendra la garde de l'enfant, tant que les magistrats n'auront pas statué. Il est bien certain, en effet, que les tribunaux pourront ordonner, pour le plus grand avantage de l'enfant, toutes les mesures qui leur paraîtront utiles et convenables. Ce pouvoir des tribunaux, nous le verrons plus tard quand nous traiterons de l'extinction de la puissance paternelle, nous l'admettons certainement pour les enfants légitimes. Or ne devons-nous pas encore l'admettre plus volontiers, relativement aux père et mère naturels ? Et cela pour deux motifs : d'abord l'insuffisance du Code Napoléon, son silence même souvent absolu, en ce qui concerne les effets de la puissance paternelle sur les enfants naturels ; silence qui augmente nécessairement le pouvoir réglementaire et l'espèce d'arbitrage qui appartiennent déjà aux tribunaux en cette matière (art. 4). Nous trouvons un second motif dans la raison, l'équité, l'intérêt de l'enfant naturel et de la société tout entière, qui exigent que les magistrats aient encore, dans une telle question, une autorité discrétionnaire plus grande, et l'on peut même soutenir que l'absence d'une règle absolue n'est pas un oubli de la part du législateur, qui aurait reconnu, au contraire, le danger d'une telle règle. La solution que nous donnons est celle de l'ancienne jurisprudence qui n'a jamais voulu poser *a priori* des règles fixes sur un pareil sujet.

Les magistrats pourront donc enlever au père l'éducation et la garde de l'enfant pour les confier à la mère ; ils pourront l'enlever à la mère elle-même, à laquelle ils l'auraient d'abord confiée, pour la rendre au père, ou même pour la confier à une tierce personne ; bref, dans le domaine du pouvoir réglementaire des tribunaux rentreront toutes les questions relatives à l'intérêt de l'enfant.

Ces mesures pourront être demandées au tribunal soit par la mère naturelle contre le père, soit réciproquement par le père contre la mère, soit par le tuteur ou le subrogé-tuteur de l'enfant. Nous ne voyons pas de raison de refuser à un membre du conseil de famille, s'il en existe un, le droit de convoquer ce conseil pour qu'un membre intentât cette action. Nous serions tenté auss d'accorder le même droit au juge de paix (art. 406), car les enfants naturels sont sans parents et il est nécessaire que l'autorité publique veille sur eux avec sollicitude ; nous ne doutons pas non plus que l'enfant lui-même puisse avertir le juge de paix par ses plaintes, afin qu'il assemble le conseil de famille et provoque sa délibération. Pourquoi même ne pas reconnaître à l'enfant personnellement, s'il est suffisamment âgé, le droit d'agir en

son nom propre et de se plaindre des mauvais traitements dont il serait la victime? Il s'agit ici d'un droit
personnel, dont l'exercice semble devoir être direct et
personnel.

SECTION III.

Droit de correction.

Nous venons de parler du pouvoir directeur qui appartient aux parents. Nous arrivons maintenant à la sanction
même de ce pouvoir. Il fallait bien une sanction aux
droits du père, car il faut l'avouer, là où n'existe pas
la sanction, le droit est bien près lui-même de ne pas
exister, et c'est ce qui faisait dire à M. Albisson : « Toute
puissance directrice ou régulatrice suppose l'emploi
d'une force coercitive quelconque. »

Par ce mot, « droit de correction, » nous ne devons pas
évidemment entendre ces punitions que les père et mère
peuvent infliger à leurs enfants, dans l'intérieur de la
famille, *in domo.* Par droit de correction il faut entendre
ici le droit en vertu duquel le père ou la mère peut, par
le concours de la force publique, faire opérer une sorte
de détention de son enfant, lorsque celui-ci lui donne
des sujets de mécontentement très-graves. Autant la loi
devait rester étrangère à la police intérieure de la famille
pour les peccadilles journalières des enfants, autant elle
devait intervenir lorsque ces peccadilles deviennent des
fautes de nature à menacer l'honneur d'une famille et la
sûreté de la société.

Le droit de correction peut appartenir à la mère

comme il appartient au père ; mais selon qu'il est exercé par l'un ou par l'autre, il n'a pas la même étendue et ne s'exerce pas de même. Étudions-le d'abord tel qu'il existe dans les mains du père, nous étudierons ensuite les modifications qui surviennent entre les mains de la mère.

§ 1. — Pouvoir correctionnel du père.

Disons tout de suite que le père peut exercer, suivant les cas, le droit de correction de deux manières différentes :

1° Par voie d'autorité ; 2° par voie de réquisition.

Occupons-nous d'abord de la voie d'autorité, qui est la plus rare et la moins sévère.

Art. 375. « Le père qui aura des sujets de méconten-
« tement très-graves sur la conduite d'un enfant, aura
« les moyens de correction suivants : »

Art. 376. « Si l'enfant est âgé de moins de seize ans
« commencés, le père pourra le faire détenir pendant
« un temps qui ne pourra excéder un mois, et à cet
« effet, le président du tribunal d'arrondissement, de-
« vra, sur la demande, délivrer l'ordre d'arrestation. »

Cette condition d'âge n'est pas la seule à laquelle soit subordonné l'exercice du droit de correction par voie d'autorité ; il en faut encore trois autres dont nous parlerons plus longuement, quand nous nous occuperons de l'exercice du droit de correction par voie de réquisition. Il faut que l'enfant n'ait pas de biens personnels, qu'il n'ait pas d'état, que son père ne soit pas remarié.

La loi, en pareille circonstance, se montre peu sévère, et avec raison : l'âge de l'enfant, l'importance, la plupart du temps très-faible, de son méfait ou de son insubordination ne peut pas demander une répression bien terrible. Un mois d'emprisonnement suffira presque toujours pour donner une leçon efficace à l'enfant rebelle. Ce droit toutefois ne peut être exercé sans le concours du magistrat public, parce que tout ce qui concerne la liberté des citoyens sort des bornes du droit privé. Remarquons cependant que c'est le père seul qui prononce ici véritablement la détention. Le magistrat, comme le dit très-bien M. Demolombe, n'intervient que pour légaliser sa volonté. Le président sans doute peut adresser officieusement au père ses observations et ses conseils : il peut l'exhorter à l'indulgence et au pardon ; mais si celui-ci persiste, l'ordre d'arrestation doit être accordé ; l'autorité du père est souveraine. Peut-être cache-t-il le véritable motif pour lequel il fait détenir son enfant. Pourquoi le forcer alors à dévoiler un secret qui peut ternir son nom et compromettre un jour l'honneur de sa famille ?

Sous ces conditions, l'exercice du droit de correction par voie d'autorité offre peu de dangers. L'âge si peu avancé de l'enfant ne permet pas de supposer que le père s'inspire même à son insu du moindre sentiment de vengeance ; et lorsqu'il se décide à demander la détention de son enfant si jeune, il faut qu'il la croie nécessaire dans son propre intérêt.

Toutes les raisons que nous venons de donner sont loin d'exister toujours. Aussi la loi a-t-elle mis à côté de l'exercice du droit de correction, par voie d'autorité, l'exercice du droit de correction par voie de réquisition. Ici nous trouverons une certaine défiance à l'égard du père qu'un sentiment, soit de vengeance, soit de cupidité, peut pousser à une trop prompte répression; nous verrons la loi plus favorable à l'enfant, qu'elle veut bien punir, mais qu'elle ne veut pas léser.

Art. 377. « Depuis l'âge de 16 ans commencés jusqu'à
« la majorité ou l'émancipation, le père pourra seule-
« ment requérir la détention de son enfant pendant six
« mois au plus; il s'adressera au président dudit tribu-
« nal, qui après en avoir conféré avec le procureur im-
« périal, délivrera l'ordre d'arrestation ou le refusera, et
« pourra dans le premier cas abréger le temps de la
« détention requis par le père. »

Voilà certes une différence avec le premier mode de procéder. Le père ne décide plus souverainement, loin de là! il faut qu'il s'adresse au président du tribunal, et celui-ci n'intervient plus seulement pour légaliser. Il a un droit d'examen. Il juge de l'opportunité de la mesure! On craint plus de partialité de la part du père vis-à-vis d'un enfant déjà homme, que vis-à-vis d'un enfant encore tout jeune; de plus la réputation de l'un est plus à ménager que la réputation de l'autre; et si l'on a prolongé la durée de la détention à cause même de la gravité des écarts, il était juste aussi de faire qu'elle fût prononcée avec des garanties plus certaines et plus fortes.

Le président, ainsi que cela résulte de l'article, peut refuser l'arrestation ou en abréger la durée; mais il ne peut l'augmenter. On a voulu, sans doute, laisser au père la possibilité d'apprécier la punition que mérite son enfant, et si la loi a permis au président d'abréger, c'est qu'elle a redouté que certains pères n'abusassent de leur autorité; mais d'autre part elle a refusé aux magistrats la faculté d'augmenter la peine, parce qu'elle a voulu accorder une certaine latitude au pardon et à l'indulgence paternelle.

Pour justifier la réquisition à une détention de six mois, le père devra produire l'acte de naissance de son enfant.

Nous avons dit plus haut à quelles conditions le père pouvait agir par voie d'autorité ; nous n'avons qu'à renverser ces conditions, pour déterminer quand il devra agir par voie de réquisition ; ce sera donc : 1° quand l'enfant a plus de 15 ans révolus (nous venons de le voir) ; 2° quand le père est remarié ; 3° quand l'enfant a des biens personnels ; 4° quand il exerce un état.

Reprenons ces trois dernières hypothèses.

Art. 380. « Si le père est remarié, il sera tenu, pour « faire détenir son enfant du premier lit, lors même « qu'il serait âgé de moins de seize ans, de se conformer « à l'art. 377. »

La raison qui a dicté cet article est facile à voir ; le législateur a redouté l'influence de la belle-mère. Le père, tout entier sous l'influence de sa seconde femme, est réputé ne plus avoir la même tendresse, le même dévoûment pour les enfants du premier lit. On s'est défié de son impartialité.

Mais que décider si le père vient à perdre sa seconde femme ? Pourra-t-il alors user de son droit de correction par voie d'autorité sur ses enfants du premier lit, ou ne pourra-t-il toujours agir que par voie de réquisition ? C'est une question controversée. La même question s'élève au sujet de la mère remariée et redevenue veuve pour la seconde fois. A-t-elle perdu à jamais son droit de correction par ce second mariage, ou bien le recouvre-t-elle par suite du décès de son nouvel époux? Ce que nous déciderons s'applique à l'une des questions aussi bien qu'à l'autre.

Un premier système admet que si le père remarié a perdu sa nouvelle femme, il recouvre le droit de faire détenir par voie d'autorité ses enfants du premier lit. Le législateur, disent les partisans de ce système, vient restreindre le droit du père en vertu d'une suspicion générale d'abus possibles. La loi craint l'influence de la nouvelle femme trop souvent hostile aux enfants du premier lit; or cette crainte ne peut plus exister lorsque la nouvelle femme est décédée; pourquoi donc ne pas rendre au père ce que ce second mariage lui a enlevé? Ce système s'appuie encore sur l'art. 380, qui dit : « Si le père est remarié. » Il voit dans ces mots que le nouveau mariage existe encore. Nous ne saurions admettre ce système; nous dirons d'abord que la défiance du législateur pour le père remarié ne doit pas disparaître après le décès de la seconde femme; car l'altération qu'ont subie ses affections subsiste toujours; en outre les enfants du premier lit ont eux-mêmes moins d'attachement pour leur père; ils seront moins réservés à son égard; ils l'irriteront plus facilement peut-être sans motifs bien graves; il faut donc prendre toujours les mêmes précautions contre l'emportement et l'injustice du père. De plus, aux termes de l'art. 380, le père qui s'est remarié a perdu le droit de faire détenir son enfant du premier lit par voie d'autorité, de même qu'aux termes de l'article 381, la mère, en se remariant, a perdu entièrement, sur les enfants de son précédent mariage, le droit de correction. Ils ne peuvent, dès lors, recouvrer le pouvoir que la loi leur a enlevé qu'autant que la loi elle-même le leur rendrait. Or aucun texte ne restitue au père ni à la mère, après la dissolution de leur nouveau mariage, le droit qu'ils ont perdu par le fait même de ce mariage. Donc ils en demeurent toujours déchus. C'est une sorte de punition attachée par le législateur à cette nouvelle union, et en nous rappelant l'esprit de notre législation, qui voit d'un si mauvais œil les seconds mariages, il nous est bien permis de croire que l'art. 380 a prononcé une déchéance perpétuelle.

Voyons maintenant le cas où l'enfant exerce un état, ou bien encore il a des biens personnels.

Art. 382. « Lorsque l'enfant aura des biens personnels ou qu'il exercera un état sa détention ne pourra, même au-dessous de 16 ans, avoir lieu que par voie de réquisition, en la forme prescrite par l'art. 377. »

Les motifs qui ont fait admettre cette restriction « quand l'enfant a des biens personnels » ne sont pas bien solides. Voici comment Cambacérès motivait cette dérogation en la proposant sous forme d'amendement. « Si l'enfant a pour père un dissipateur, il est hors de « doute que le père cherchera à le dépouiller, qu'il se « vengera du refus de l'enfant et que peut-être il lui « fera acheter sa liberté. » Ces paroles, M. Réal, les a répétées dans l'exposé des motifs ; mais elles ne nous touchent pas plus dans la bouche de l'un que de l'autre de ces orateurs : en effet l'enfant mineur de 15 ans est frappé de l'incapacité la plus absolue : il n'a pas la disposition du moindre de ses biens (art. 1122 et 1305) même par testament (art. 904) : il n'a pas non plus

l'administration de ses biens, pas même de ceux dont ses
père et mère n'auraient pas la jouissance légale (articles 386, 387, 389.) Ce que l'on peut dire, c'est qu'il
serait alors à craindre, que le père, pour commettre
quelque dilapidation ne prît ce moyen d'éloigner son
enfant violemment ou encore que pour se dispenser de
lui rendre compte, il n'obtînt de lui des arrangements,
des renonciations qui seraient nuls sans doute, aux
yeux de la loi, mais que l'enfant se croirait, en fait,
obligé, moralement peut-être, d'observer. Avouons que
ce sont là des craintes un peu imaginaires et qu'il est
bien difficile de donner ici un motif plausible de la
défiance du législateur. Nous aimons encore mieux dire
que l'enfant propriétaire a par cela même dans la société
uue position plus élevée, et qu'on n'a dû permettre au
père de le détenir que sous des conditions plus étroites
et plus strictes.

Nous n'aurons pas la même difficulté à expliquer
pourquoi la loi a plus favorisé l'enfant exerçant un état.
Sa détention en effet interrompt cet état; elle peut le lui
faire perdre et compromettre son avenir; en outre l'enfant qui déjà au-dessous de 16 ans travaille, mérite plus
de ménagements et d'égards. Il a su ainsi se conquérir
un rang dans la société; ce sont certes des raisons qui
ne manquent pas de gravité. Mais nous revoyons bien
dans toutes ces dispositions, l'esprit de défiance trop
répandu, hélas! dans nos lois à l'égard du père.

Pour exercer un état, il suffit que l'enfant exerce un
emploi lucratif quelconque; il n'est pas nécessaire qu'il
soit maître ou établi à son compte; s'il en était autrement la loi se trouverait ainsi ne s'appliquer jamais ou

du moins si rarement qu'il aurait été inutile d'y écrire cette restriction en faveur de l'enfant qui travaille.

A propos des trois cas que nous venons d'étudier, c'est-à-dire quand le père est remarié, quand l'enfant exerce un état ou qu'il a des biens personnels, il s'est élevé la qnestion de savoir quel est le maximum de la durée de la détention ? Un mois ou six mois ? Applique-t-on l'art. 376 ou l'art. 377 ?

On a soutenu qu'il fallait appliquer l'art. 377, dans toute son étendue, et voici comment on raisonne. Les art. 380, 381 et 382 d'après lesquels, l'enfant, même âgé de moins de 16 ans ne peut être détenu que par voie de réquisition, ces articles se réfèrent à l'art. 377 qui organise ce mode de correction; ils s'y réfèrent entièrement et ce renvoi les lie et les confond, en quelque sorte, avec l'art. 377 : or d'après ce dernier article, lorsque la détention a lieu par voie de réquisition, le maximum peut être de six mois. Donc les art. 380, 381 et 382 autorisent eux-mêmes la durée de cette détention. On ajoute que le maximum restreint à un mois est motivé par la crainte d'abus de la part du père, quand il peut prononcer seul, mais que du moment que le contrôle du président vient offrir plus de garanties, la loi accorde une plus grande latitude : la sagesse du président rassure le législateur.

Telle n'est pas notre opinion. Nous pensons au contraire que le maximum de la détention sera d'un mois seulement. En effet que dit l'art. 376 ? Il pose en principe dans sa première partie, que la détention d'un enfant de moins de 16 ans ne pourra dépasser un mois, dans la seconde partie, il règle la procédure à suivre : or

les art. 380 et 382 ne s'occupent que de la forme à suivre :
« en la forme prescrite par l'art. 377 » dit l'art. 382.
Donc la première proposition de l'art. 376 reste intacte :
la modification ne porte que sur la seconde partie, relative à la procédure.

D'ailleurs quel est le motif de nos trois exceptions?
Elles n'ont été introduites que dans l'intérêt de l'enfant.
Pourquoi donc alors aggraver son châtiment? Là, où le
législateur a écrit l'indulgence, nous irions introduire
une sévérité plus grande !

Ajoutons en dernier lieu que le maximum de la détention, selon l'art. 376 ou selon l'art. 377, ne repose
pas seulement sur l'idée qu'il y a plus de garanties dans
un cas que dans l'autre, mais encore sur la possibilité
d'écarts plus graves de la part d'un enfant, suivant qu'il
est plus ou moins âgé.

Nous donnons la même solution dans la question qui
s'élève sur l'art. 381, où sont réglées les formes à employer par la mère, afin de faire détenir son enfant. Cet
art. 380 renvoie aussi à l'art. 377.

La difficulté dont nous venons de nous occuper n'est
pas la seule à laquelle donne lieu l'art. 382. Dans sa seconde partie, cet article s'exprime ainsi : « L'enfant dé-
« tenu pourra adresser un mémoire au procureur général
« près la Cour impériale. Celui-ci se fera rendre compte
« par le procureur impérial près le tribunal de première
« instance et fera son rapport au président de la Cour
« impériale, qui, après en avoir donné avis au père et
« après avoir recueilli tous les renseignements, pourra
« révoquer ou modifier l'ordre délivré par le président
« du tribunal de première instance. »

Notre article établit pour l'enfant une nouvelle faveur, un droit d'appel ; mais ce recours n'est pas suspensif, la rédaction de l'article, les travaux préparatoires, dans lesquels tous les orateurs, MM. Cambacérès, Vésin, Réal l'ont formellement déclaré, ne nous laissent aucun doute.

Mais c'est une question diversement résolue que celle de savoir, si ce recours existe en faveur de l'enfant, non pas seulement dans les deux hypothèses prévues par l'art. 382-1°, c'est-à-dire lorsque l'enfant a des biens personnels ou qu'il exerce un état, mais encore toutes les fois que la détention a lieu par voie de réquisition.

Pour décider d'une manière restrictive et n'accorder à l'enfant ce droit d'appel que dans les hypothèses prévues par l'art. 382-1°, on invoque la place qu'occupe dans l'article notre disposition ; on invoque aussi les travaux préparatoires : c'est Cambacérès, dit-on, qui a fait introduire ce droit d'appel et il ne le propose que comme une nouvelle précaution à prendre dans le cas où l'enfant aurait une fortune personnelle. M. Réal s'exprimait de même devant le Corps législatif.

Nous donnons au contraire la plus grande étendue à ce droit d'appel et nous l'accordons à l'enfant toutes les fois qu'il est détenu par voie de réquisition. En raison, il nous paraît d'abord impossible d'indiquer même un seul motif de différence. En quoi l'enfant dont le père est remarié mérite-t-il moins l'intérêt du législateur que l'enfant qui exerce un état ou qui a des biens personnels? Nous devons donc jusqu'à preuve du contraire admettre une présomption en faveur de la généralité de l'art. 382-2°, Et cette présomption nous la trouvons confirmée par

la rédaction absolue du texte : « L'enfant détenu
pourra, etc., etc. » Et si cette disposition est ainsi
placée, c'est qu'elle a été ajoutée après coup. De plus le
droit d'appel est de droit commun! Ne le restreignons
donc pas ! Le grand argument de nos adversaires repose
sur les travaux préparatoires, écoutons M. Demolombe
leur répondre : « Cambacérès fut le premier qui exprima
« l'idée de ce recours contre la détention prononcée par
« voie de réquisition, et il ne l'accordait en effet, d'abord
« qu'à l'enfant qui a des biens personnels, dont la
« jouissance a été enlevée à ses père et mère. Cet amen-
« dement fut admis ; mais déjà dès la première rédac-
« tion, nous le voyons s'étendre et s'appliquer à tout
« enfant qui a des biens personnels, sans distinguer si
« ses père et mère en ont ou n'en ont pas la jouissance. »

Art. 12. Du projet. « *Dans le cas où l'enfant aurait des*
« *biens personnels, sa détention ne pourra, quel que soit*
« *son âge, avoir lieu que par voie de réquisition, et l'en-*
« *fant détenu pourra adresser au commissaire du gou-*
« *vernement près le tribunal d'appel, un mémoire con-*
« *tenant ses moyens de défense.* »

« Le Tribunat demanda la suppression de la dernière
« partie de cet article, d'abord parce qu'il n'indiquait pas
« ce qu'aurait à faire le commissaire du gouvernement
« près le tribunal d'appel, et puis parce que l'article lui-
« même était inutile. »

« En effet, disait le Tribunat, non seulement dans le cas
« prévu par cet art. 12, mais encore dans tous les autres
« cas, rien ne peut empêcher l'enfant détenu d'adresser
« un mémoire au commissaire près le tribunal d'appel,
« sans que la loi s'en explique. »

« Que fit ensuite le Conseil d'État? Il ne supprima point
« l'article, au contraire il le compléta, il organisa vérita-
« blement un mode de recours, une sorte de droit d'ap-
« pel au profit de l'enfant, et surtout il en fit l'objet d'une
« disposition spéciale, détachée, qui ne se confond plus,
« comme lors de la première rédaction, avec l'article qui
« s'occupait de l'enfant ayant des biens personnels. »

« Cette observation est essentielle : elle démontre que
« les partisans de l'opinion contraire, ne sauraient argu-
« menter de ce que la disposition qui nous occupe se
« trouve dans l'art. 382. Il est vrai qu'elle s'y trouve,
« mais c'est dans un alinéa distinct, et comme une dis-
« position générale et indépendante. »

« Qu'il y ait encore de la part de différents membres
« soit du Conseil d'État, soit du Tribunat, des assertions
« contradictoires sur ce sujet, cela est vrai. Ainsi, tandis
« que M. Réal déclare qu'il est de toute justice dans cette
« dernière hypothèse, c'est-à-dire lorsque l'enfant a des
« biens personnels, qu'il soit autorisé à se pourvoir de-
« vant le président et le commissaire du tribunal d'ap-
« pel, M. Vésin présente au contraire la disposition
« comme générale, en déclarant qu'elle a pour but de
« prévenir et de paralyser toutes les surprises, toutes les
« intrigues de localités, et d'empêcher que le droit de
« correction puisse jamais être un moyen de despotisme. »

« Ces considérations en effet ont dans tous les cas la
« même force et voilà pourquoi je ne voudrais pas ad-
« mettre de distinction. »

L'art. 382 a donc sanctionné pour l'enfant le droit d'appel, selon les uns pour deux hypothèses déterminées ;
selon les autres pour tous les cas où le droit de correction

s'exerce par voie de réquisition. Quant au père, notre article a gardé le plus grand silence ; il ne lui a pas accordé ce droit d'appel ; pas de doute à cet égard : ce droit n'est reconnu par la loi qu'à l'enfant, et comme nous sommes dans une matière en dehors des règles ordinaires du droit commun, on ne peut pas argumenter des règles ordinaires sur l'appel. Mais si le débat s'élevait sur le droit même du père, si par exemple le père soutenait qu'il a le droit d'agir, par voie d'autorité, tandis que le président soutiendrait qu'il ne peut agir que par voie de réquisitiou, il nous paraît évident que le père doit avoir dans ce cas le moyen de réclamer le droit que la résistance du président lui conteste. La question change alors de nature ; elle devient une question de droit, et nous ne devons plus alors donner au président un pouvoir souverain et sans appel. Il peut y avoir là un point de droit susceptible d'être porté jusque devant la Cour de Cassation. Ce n'est donc que devant le tribunal et suivant les formes ordinaires que ce différend devrait être vidé. Nous n'admettons pas la procédure de l'art. 382 : car c'est là un mode de procéder exceptionnel, uniquement relatif à l'exercice non contesté de la puissance paternelle et qui ne paraît pas applicable à la question litigieuse qui s'élève.

Nous venons d'exposer les différentes règles qui régissent l'exercice du droit de correction suivant qu'il s'exerce par voie d'autorité au par voie de réquisition : parlons maintenant des règles qui sont communes à ces deux modes.

Art. 378. « Il n'y aura dans l'un et l'autre cas, aucune « formalité judiciaire, si ce n'est l'ordre même d'arres- « tation, dans lequel les motifs ne seront pas énoncés. « Le père sera seulement tenu de souscrire une soumis-

« sion de payer tous les frais, et de fournir les aliments
« convenables. »

Il n'est pas difficile de déterminer quels motifs ont
dicté le premier alinéa de l'art. 378. On a voulu éviter
pour l'enfant la publicité d'une faute qui pourrait compromettre sa réputation dans l'avenir; on a voulu qu'il
ne restât aucune trace, qui en perpétuerait le souvenir;
on a voulu encore n'entraver en quoi que ce soit le libre
exercice du pouvoir paternel.

La détention ne doit pas avoir lieu dans une maison
de correction. Le vœu de la loi n'est pas que l'enfant
soit traité comme un prisonnier; ce n'est qu'une mesure
de discipline paternelle. L'art. 376 portait primitivement
que le père pourrait faire détenir l'enfant, « dans une
maison de correction, » mais Lebrun fit avec raison sup-
primer ces derniers mots. « Que les enfants ne soient
pas envoyés dans les maisons de correction, dit-il, ce serait les envoyer au crime. » C'est ainsi que l'on a vu s'é-
tablir des maisons à ce spécialement destinées; le décret
du 30 septembre 1807 autorisait les dames charitables,
dites du refuge de Saint-Michel, à recevoir dans leur maison les personnes qui seront envoyées par les pères ou
conseils de famille dans les formes établies par le Code
Napoléon. C'est ainsi que l'on a encore fondé à Paris la
maison de la Roquette (1) pour les garçons et le couvent
de la Madeleine pour les filles. La réception des enfants
dans ces maisons doit, tant au point de vue de la respon-

---

(1) On doit certes applaudir à la suppression récente de ces maisons où
l'enfant, ne vivant qu'au milieu du vice, s'y habituait pour ainsi dire, et où,
loin de se corriger, il ne faisait qu'acquérir de nouveaux défauts.

sabilité des chefs qu'au point de vue réglementaire, être consignée sur un registre de ces maisons; mais ce registre n'ayant aucun caractère infamant, cette mention ne déroge pas au vœu de la loi; il n'y aura ni procès-verbal d'arrestation ni écrou proprement dit.

Les observations qui précèdent vont nous donner, selon nous, la solution d'une question sur laquelle on est divisé. Dans bien des villes, il n'existe aucune maison spéciale pour la détention correctionnelle des enfants, et, faute de mieux, force est bien de les enfermer dans les maisons de correction. Eh bien! l'on se demande, si, en pareil cas, l'agent de la force publique, chargé d'exécuter l'ordre du président ne doit pas dresser procès-verbal de l'arrestation? Est-ce que surtout le gardien de la maison de détention ne doit pas dresser un acte d'écrou et transcrire sur son registre l'ordre du président? Nous répondons, non, sans hésitation aucune, d'abord en rappelant ce que nous avons dit plus haut de l'esprit qui avait animé le législateur. On nous oppose la généralité de l'art. 609 du Code d'instruction criminelle et des art. 789 et 790 du Code de procédure, qui imposent absolument et très-strictement au gardien l'obligation de transcrire l'ordre d'arrestation sur son registre. Oui, nous le reconnaissons; mais nous disons que l'exception à cette règle est écrite dans notre art. 378, qui dit positivement qu'il ne doit y avoir *aucune écriture*, *si ce n'est l'ordre même d'arrestation*. Si l'on dresse un procès-verbal d'emprisonnement et un écrou, on ne supprime rien, il y a autant d'écritures que pour un emprisonnement ordinaire. Ajoutons que les art 609, C. Inst. crim., et 789 et 790, C. de P., régissent les maisons de

correction comme telles, mais non pas lorsqu'elles servent
à un autre usage qu'à celui auquel elles sont destinées. On
nous objecte que notre système aboutit à la non-constatation de l'entrée de l'enfant. Non! On l'inscrira sur un
registre spécial, distinct de celui sur lequel on inscrira
les prisonniers, et le nom d'un enfant coupable, il est
vrai, mais excusable, ne se trouvera pas confondu avec
les noms les plus vils et les plus abjects!

La rédaction un peu amphibologique de l'art. 382-2° a
donné lieu à une difficulté. Le père est-il obligé de verser
d'avance une somme pour les aliments, ou doit-il seulement souscrire d'avance une soumission de les payer?

On a soutenu que dans le texte, ces mots, « et de fournir, » se rapportaient non pas au mot « soumission, »
mais aux mots « est tenu de. » Le père, prétend-on, est
tenu de souscrire..... et de fournir. On a argumenté
encore, par analogie, de ce qui a lieu pour la contrainte
par corps. Le créancier est tenu de consigner d'avance
au moins un mois d'aliments. (Art. 789-5° et 791-800, C.
de P. — Loi du 17 avril 1832, art. 28.)

Nous ne pensons pas que ce soit là l'interprétation à
donner à l'art. 378. Elle n'est pas conforme à l'intention
des rédacteurs. Le projet primitif s'exprimait ainsi.
« Après avoir fait souscrire par le père une soumission
« de payer tous les frais et de fournir des aliments con-
« venables. » Or, rien n'annonce que par la nouvelle
rédaction, ils aient voulu que la soumission souscrite
par le père ne s'appliquât qu'aux frais, tandis que les
aliments, au contraire, devraient être consignés d'avance.
Nous répondons aux art. 789 et autres du Code de procédure en disant qu'il ne s'agit pas ici d'une contrainte

par corps, mais d'un droit éminemment salutaire et favorable, à l'exercice duquel il faut apporter le moins
d'entraves possibles. C'est ainsi qu'en fait nous voyons
l'administration dispenser le père de faire la soumission
prescrite par l'art. 378 lorsqu'il résulte de l'attestation
du juge de paix ou du maire, ou du commissaire de police, qu'il est dans l'impossibilité de payer les aliments.

L'administration en agissant ainsi, semble donc bien
comprendre l'importante mission de la puissance paternelle.

L'art. 379 établit deux règles qui sont encore communes
à nos deux modes de correction : nous voulons parler
du droit de grâce et du cas où l'enfant tombe dans de
nouveaux écarts,

Quant au droit de grâce, l'art. 379-1° s'exprime ainsi :
« Le père est toujours maître d'abréger la durée de la
« détention par lui ordonnée ou requise. »

Certes le législateur a eu raison de consacrer un des
plus beaux apanages de la puissance paternelle. Il a
laissé toute latitude au père, dont la tendresse et le dévouement sont les meilleures garanties pour l'enfant.
Puisqu'on lui donnait le droit de punir il fallait lui laisser le droit de pardonner : souvent même un pardon
fera plus qu'un sévère châtiment : et la reconnaissance
achèvera ce que le repentir aura commencé.

L'art. 377-2° prévoit l'hypothèse où l'enfant peut de
nouveau être détenu pour de nouvelles fautes, « si, dit-
« il, après la sortie, l'enfant tombe dans de nouveaux
« écarts, la détention pourra de nouveau être ordonnée
« de la manière prescrite aux articles précédents. »

Cette règle se trouvant dans le même article que la

précédente, et n'étant pas même séparée de la première par un alinéa, on pourrait croire que le père n'aurait le droit de faire détenir son enfant à nouveau qu'autant qu'il aurait abrégé la durée de la détention. Mais une pareille interprétation, ne reposant en définitive que sur une inexactitude de rédaction, est impossible à admettre. Quelle bonne raison pourrait-on donner pour établir une différence entre le cas où l'enfant a été gracié et celui où il ne l'a pas été? Dira-t-on que l'enfant qui avait déjà obtenu le pardon d'une première faute est plus coupable quand il en commet une seconde? Mais ce n'est pas une raison déterminante. Il est bien évident qu'un enfant, dont la première détention n'a pas été abrégée, peut commettre de nouveaux écarts assez graves pour nécessiter une seconde détention. Pourquoi donc alors refuser au père le droit de sévir de nouveau? Eh! quoi! parce qu'un enfant se serait entêté dans sa mauvaise conduite, parce qu'il n'aurait mérité en rien l'indulgence paternelle, nous verrions là une raison de lui être plus favorable, et si une fois sa punition subie, il retombait dans de nouvelles fautes, nous irions refuser au père le droit de le faire détenir une seconde fois! C'est inadmissible! Il est, selon nous, tout aussi coupable que l'enfant, qui, ayant mérité par sa conduite un adoucissement à sa peine, viendrait à faillir de nouveau. D'ailleurs l'art. 376 ne limite pas à une seule fois l'exercice du droit de correction, il l'accorde dans les termes les plus généraux et par conséquent aussi pour le cas de récidive.

M. Demante s'est demandé si, au cas de récidive, le père ne devrait pas toujours agir par voie de réquisition. Il voit dans cette seconde détention une plus grande gra-

vité, qui demande de plus sérieuses garanties, et il trouve
un argument de texte dans l'art. 379 et prétend qu'il faut
que le président constate s'il y a de nouveaux écarts. Nous
ne saurions admettre ce système. L'art. 379, en parlant
de « nouveaux écarts » n'exige pour leur constatation,
rien de plus que l'art. 375, qui parle de « sujets de mécon-
tement très-graves. » De plus la fin de l'art. 379 ne laisse
aucun doute en disant « la détention pourra être ordon-
« née de la manière prescrite aux articles précédents. »
Or ces mots comprennent les art. 376 et 377, c'est-à-dire
qu'ils renouvellent formellement la distinction entre
la voie d'autorité et la voie de réquisition. Pour écarter
toute espèce de doute, ouvrons les travaux préparatoires.
Le projet admettait toujours le père à agir par voie d'autorité, seulement au cas de récidive, il élevait le maximum de la détention. L'enfant était jugé plus sévèrement, le projet a été modifié pour introduire la distinction entre la voie d'autorité et la voie de réquisition, mais
rien n'indique qu'on ait voulu faire une distinction
entre la première faute et la seconde, surtout en faveur
de l'enfant, puisqu'au contraire il était plus gravement
puni.

§ 2. — Pouvoir correctionnel de la mère.

Art. 381. « La mère survivante et non remariée, ne
« pourra faire détenir un enfant qu'avec le concours des
« deux plus proches parents et par voie de réquisition
« conformément à l'art. 377. »
Rappelons d'abord que la mère, associée à l'autorité du

père et par le droit naturel et par une disposition expresse du Code (art. 372), aura, à défaut du père, tous les droits de celui-ci, qui ne lui seront pas expressément refusés.

Rappelons que ce que la loi dit de la mère survivante, il faut le dire aussi de tous les cas où la mère est appelée à exercer la puissance paternelle. Ce n'est pas seulement lorsque le père est mort, mais encore toutes les fois qu'il est dans l'impossibilité juridiquement reconnue de l'exercer lui-même.

La loi n'accorde directement le droit de correction à la mère, qu'autant qu'elle n'est pas remariée ; si elle a convolé à de secondes noces, on redoute avec raison que l'influence de son nouvel époux n'altère sa tendresse et son impartialité : les enfants du premier lit se trouveraient être en définitive, non plus sous la puissance de leur mère, mais sous la puissance de son nouveau mari ; seulement si elle a été maintenue tutrice, elle pourrait, en vertu de l'art. 468 (1), exercer son droit de correction ; en respectant les formalités qui y sont prescrites. Remarquons que le père remarié ne perd pas son droit de correction, l'exercice en est seul modifié chez lui. Pour la mère, au contraire, elle le perd tout-à-fait. Cette différence tient certainement à ce que la position de la femme remariée n'est pas la même que celle du mari qui a contracté un nouveau mariage. L'indépendance

---

(1) Art. 468. « Le tuteur qui aura des sujets de mécontentements graves sur la conduite du mineur pourra porter ses plaintes à un conseil de famille, et, s'il y est autorisé par ce conseil, provoquer la réclusion du mineur, conformément à ce qui est statué à ce sujet au titre de la *Puissance paternelle.* »

de l'un est bien plus grande que l'indépendance de l'autre, et la femme subit une influence à laquelle l'homme est plus à même de résister.

Nous ne reviendrons pas sur la question de savoir si la mère redevenue veuve recouvre son droit de correction à l'égard des enfants du premier lit. Nous avons dit que cette controverse se rapprochait trop de celle qui s'élève sur l'art. 380, pour ne pas donner dans les deux cas la même solution.

Le législateur, tout en accordant à la mère le droit de correction, ne le lui accorde qu'avec une certaine défiance, ou plutôt avec une réserve nécessitée par le caractère même de la femme. Il a redouté sa faiblesse, les influences étrangères, sa promptitude à s'alarmer. Il a voulu la défendre contre elle-même, il a voulu empêcher que ses enfants ne lui reprochassent un jour sa sévérité ou son injustice : il a mis à côté de la responsabilité maternelle, une responsabilité étrangère. Voilà pourquoi l'exercice de son droit a été restreint.

Nous avons vu que le père peut, suivant les cas, agir soit par voie d'autorité, soit par voie de réquisition ; la mère, au contraire, ne peut jamais agir que par ce dernier mode ; et encore faut-il le concours des deux plus proches parents paternels ! Le mot « concours » indique bien qu'il faut le consentement et non pas seulement le simple avis de ces deux plus proches parents : le refus de concours de la part des deux parents paternels, ou même de l'un des deux, devrait faire rejeter la demande de la mère. M. de Belleyme a très-bien rendu l'esprit de la loi, en disant : « la réquisition doit être collective. »

La loi parle des deux plus proches parents paternels :

il ne faut pas entendre ces mots trop strictement : il faut
éviter autant que possible d'entraver le droit de la mère.
Si donc les plus proches parents paternels demeuraient
à une distance telle, qu'il ne fût pas, raisonnablement
parlant, possible d'obliger la mère à obtenir leur concours, nous ferions comme on fait pour la composition
du conseil de famille (art. 407) et nous appellerions des
parents d'un degré plus éloigné, mais qui seraient sur
les lieux ou dans le voisinage. Même nous croyons qu'en
cas d'urgence, le concours de deux amis pourrait suffire
dans tous les cas, c'est-à-dire lors même qu'il y aurait
des parents domiciliés à peu de distance.

Cette observation nous amène à discuter une question
assez délicate. Qu'arrivera-t-il s'il n'existe pas de parents
paternels ? Nous écartons tout de suite l'opinion qui dit
que la mère ne pourra plus alors faire détenir son enfant ; on se tient à la lettre du texte et on en déduit un
syllogisme, qui amène à une grande injustice. Eh ! quoi
vous priverez entièrement la mère de son pouvoir, parce
qu'il n'existe pas de parents paternels, c'est-à-dire pour
une cause qui lui est tout-à-fait étrangère. C'est méconnaître son droit ; c'est méconnaître le véritable intérêt de
l'enfant. On supprime un droit sans aucun texte et sans
démontrer le syllogisme sur lequel on se fonde.

Une seconde opinion qui permet à la mère de faire
détenir son enfant, sans le concours de personne, ne
nous paraît pas meilleure. C'est en effet aller contre
l'esprit de la loi, qui a voulu donner certaines garanties
à l'enfant, et nous ne trouvons pas que le contrôle du
président suffise.

Quant à nous, nous essaierons de concilier tous les

droits et tous les intérêts, en remplaçant les deux parents paternels par deux alliés ou deux amis du père. Le second système suppose que l'intervention des parents paternels a comme fondement une idée de participation, venant limiter le droit de la mère. Cette participation ne pouvant plus avoir lieu, le droit de la mère redevient entier. C'est là une fausse idée. La pensée de l'art. 381 est, comme nous l'avons déjà dit, une pensée de protection pour l'enfant. Cet art. 381 n'a fait que poser la règle, et il s'en est remis, pour l'intelligente application de cette règle dans ses détails, aux analogies du droit commun ; or il est conforme au droit commun en cette matière, que les parents soient remplacés par les alliés et les alliés par les amis. (Art. 407-409.)

Une question non moins débattue est celle de savoir si la mère a le droit de grâce. L'art. 379, en un mot, lui est-il applicable ?

M. Proud'hon, invoquant le silence de la loi quant à la mère, lui refuse le droit de grâce, parce que ce droit serait dangereux entre ses mains. « La mère, dit-il, a « moins de fermeté et de mesure que le père : on a pu « craindre qu'elle ne compromît son autorité par des « pardons irréfléchis, immédiats peut-être, et qui ne « feraient qu'enhardir de plus en plus l'enfant en lui « révélant la faiblesse de sa mère. » M. Proud'hon dit que l'art. 379 ne regarde que le père, qu'il précède l'article 381, et que ce dernier article renvoie à l'art. 377, sans faire aucunement allusion à l'art. 379.

M. Marcadé, frappé de la sévérité qui résulte du système précédent, propose une solution opposée. « Sous « prétexte de protéger la mère contre sa prétendue fai-

« blesse, dit M. Marcadé, on lui enlève un droit essentiel
« de la puissance paternelle. C'est pour empêcher la
« mère de se trouver un jour sans défense contre son
« enfant, qu'on lui interdit de faire grâce ; mais alors
« elle n'osera plus faire emprisonner son enfant, dans
« la crainte de le voir un jour retenu, quoique repen-
« tant, dans la maison où elle l'a fait enfermer. C'est
« donc une protection qui se retourne contre la mère. »

Jusque là nous sommes bien de l'avis de M. Marcadé ; mais il n'en est plus de même lorsqu'il exige, pour
l'exercice du droit de grâce par la mère, le concours des
deux plus proches parents paternels. Dans l'argument
d'analogie et de réciprocité qu'il tire de l'art. 381, il nous
semble qu'il n'interprète pas la loi, mais qu'il la fait. Si
la mère a le droit de grâce, c'est en vertu de l'art. 379,
qu'aucun texte n'est venu modifier à son égard. C'est
pourquoi nous pensons que la mère, aussi bien que le
père, a le droit absolu de faire grâce. L'humanité, les
principes, nous dictent cette solution. Pourquoi donc
irions-nous enlever à la mère un des plus beaux attributs de sa puissance ? On nous objecte le danger de
notre système. La mère, nous dit-on, pardonnera trop
facilement. Mais une trop grande indulgence ne vaut-
elle pas encore mieux qu'une trop grande sévérité ? Et
le résultat du système de M. Proud'hon suffit seul pour
le faire écarter. « Comment, comme le dit M. Demo-
« lombe, l'enfant témoignerait le plus vrai et le plus
« touchant repentir ; il aurait par ses protestations, par
« ses larmes, expié très-suffisamment sa faute, et sa
« mère ne pourrait pas et nul ne pourrait, excepté le
« chef suprême de l'État (en vertu de son droit cons-

« titutionnel de grâce) abréger la durée de sa punition. »

De plus nous avons le principe de l'art. 372, en vertu duquel, nous l'avons vu, il faut reconnaître à la mère tous les droits accordés au père, qui ne lui sont pas expressément refusés. Quant à la place de l'art. 379, elle n'a aucune portée ; en effet, l'ordre des dispositions est loin d'être irréprochable ; ainsi l'art. 382 s'applique bien certainement au père et il ne vient qu'après l'article 381, qui est relatif à la mère. Nous avons aussi démontré que la deuxième disposition de l'art. 379 et le deuxième alinéa de l'art. 382 devaient être entendus comme s'ils formaient des articles distincts. Allons plus loin. Il est bien certain aussi que l'art. 378 s'applique tout entier à la mère ; que peut-on donc induire de l'ordre des articles ? Enfin l'art. 383 nous donne un puissant argument *a fortiori*, en disant que les art. 376, 377, 378, 379 sont applicables aux père et mère naturels. Si le droit de grâce appartient à la mère naturelle, à plus forte raison doit-on l'accorder à la mère légitime qui mérite une bien plus grande confiance, car la mère naturelle sera d'autant plus portée à pardonner à son enfant, qu'elle espèrera souvent racheter ainsi à ses yeux sa faute et son déshonneur.

Parlons maintenant du droit de correction relativement aux enfants naturels.

Il n'en est plus ici comme pour le droit de garde, sur lequel le Code avait manqué de s'expliquer. Nous avons un texte. Malheureusement la rédaction en est telle, qu'elle a donné lieu aux plus graves controverses.

Art. 383 : « Les art. 376, 377, 378, 379 seront com-

muns aux père et mère des enfants naturels légalement
reconnus. »

Cet article, comme on le voit, fait un choix dans les
articles de notre section ; il laisse en dehors les art. 380,
381 et 382. On s'est donc demandé si ces articles sont ou
ne sont pas applicables, en tout ou en partie, aux père
et mère de l'enfant naturel.

Déjà, quant à la question de savoir par qui le droit de
correction est exercé, l'art. 383 ne décide rien. Nous
donnerons ici la même solution que pour la garde et
l'éducation de l'enfant; car le droit de correction est
l'un des moyens de l'éducation, l'un des attributs de
l'autorité paternelle : la logique et la raison exigent
donc qu'il soit entre les mains de celui auquel appartiennent l'exercice de l'autorité paternelle et le soin de l'é-
ducation de l'enfant.

Revenons à notre question. L'art. 383 doit-il être suivi
à la lettre, et ne doit-on appliquer aux père et mère naturels que les règles seules auxquelles l'art. 383 renvoie? Dans un premier système, on répond : Oui. On
argumente non-seulement du texte de la loi, mais encore de son esprit. Les motifs des différences qu'on établit avec l'enfant légitime sont, disent les partisans de
ce système, faciles à comprendre. L'enfant naturel est
très-souvent mécontent de son sort, irrespectueux, et,
dès-lors, plus insoumis, plus difficile à gouverner que
l'enfant légitime. Or, précisément, les père et mère naturels ont eux-mêmes moins d'ascendant et d'autorité
morale. Il fallait donc que la loi leur donnât une autorité
légale plus forte et plus énergique, non pas dans leur
intérêt à eux-mêmes, mais dans l'intérêt de l'enfant et

de la société tout entière. C'était une nécessité. De ce système résulte : 1° que la mère naturelle pourra faire détenir, par voie d'autorité, son enfant âgé de moins de seize ans, car l'art. 383 déclare l'art. 376 commun aux père et mère naturels (1) ; 2° elle n'aura pas besoin du concours des deux personnes pour le faire détenir par voie de réquisition ; 3° l'enfant âgé de moins de seize ans pourra toujours être détenu par voie d'autorité, soit par son père, soit par sa mère, lors même qu'il aurait des biens personnels ou qu'il exercerait un état ; 4° enfin, malgré le mariage du père avec une autre que la mère de l'enfant, ou de la mère avec un autre que le père, chacun d'eux conserve la plénitude du droit de correction.

Décider ainsi, c'est mesurer le pouvoir de correction uniquement sur le degré de désobéissance qu'on suppose à l'enfant, sans tenir compte en même temps de la confiance plus ou moins grande que peut mériter le dépositaire du pouvoir paternel. Or se peut-il que la loi, dans le cas d'un enfant légitime, ait tenu compte de ces deux éléments pour réglementer le droit de correction, et qu'elle ait, dans le cas d'un enfant naturel, oublié complétement l'une de ces deux bases ? Certes, si la loi avait voulu innover, ne devait-elle pas diminuer plutôt la puissance des parents naturels que l'augmenter ?

Nous pensons donc que, bien que l'art. 383 ne mentionne pas les art. 380, 381 et 382, il faut les appliquer

---

(1) Cette solution est on ne peut plus contestable, car l'art. 383 ne mentionne pas seulement l'art. 376 ; il y ajoute les art. 377, 378, 379, et il n'en résulte pas dès-lors que l'art. 376, applicable au père, doive l'être aussi également à la mère lorsque les autres articles et les motifs de la loi s'y opposent.

aux père et mère naturels comme aux père et mère légitimes (1). Il est incontestable que les art. 380, 381 et 382 ne sont pas mentionnés dans l'art. 383. Cette lacune nous touche peu. En effet, les art. 371, 372, 374 ne sont pas mentionnés non plus dans l'art. 383, et cependant ils sont applicables aux père et mère naturels. Tout le monde le reconnaît. Voilà l'argument du texte écarté. Nous pouvons encore ajouter, et nous l'avons déjà dit, qu'il existait dans le projet un article qui déclarait communs aux père et mère naturels tous les articles du titre de la puissance paternelle, et qu'il n'avait été modifié que parce qu'on n'avait pas voulu leur accorder l'usufruit légal. La correction a été faite à la légère et on a omis certains articles qui auraient dû être rappelés. Enfin la logique et la morale militent en notre faveur. Il est illogique, il est immoral de donner plus d'autorité à

---

(1) Un système mixte a encore été soutenu. Certains auteurs appliquent aux père et mère naturels l'art. 382, et non pas les art. 380 et 381 ; ils s'attachent avant tout aux motifs de la loi ; or, disent-ils, d'une part il n'y a absolument aucune raison pour ne pas accorder à l'enfant naturel, qui a des biens personnels ou qui exerce un état, la même garantie qu'à l'enfant légitime ; donc, il faut appliquer l'art. 382. Mais, d'autre part, les relations illicites qui ont donné naissance à l'enfant naturel ne sauraient avoir, aux yeux de la loi, les effets d'un premier mariage. Donc, il ne faut pas appliquer les art. 380 et 381. Ce système est tout-à-fait arbitraire et expose à de grands dangers ; par exemple, si le père épouse une autre femme que la mère de l'enfant naturel, l'hostilité de l'épouse légitime est-elle moins à craindre, pour l'enfant naturel que son mari a eu avant le mariage, que l'hostilité de la seconde femme pour les enfants du premier lit ; elle sera surtout à craindre si la concubine du mari, la mère de l'enfant naturel existe encore. Nous ferons la même observation si la mère naturelle se mariait à un autre que le père de son enfant.

ceux-là mêmes qui en sont le moins dignes. De quel droit donc la loi serait-elle plus sévère vis-à-vis d'un enfant qui ne mérite au contraire que plus de ménagements et d'indulgence? Que de pères et mères naturels montrent une sévérité excessive et souvent une souveraine injustice pour leurs enfants, reproche vivant de leur faute ! Tandis que l'enfant légitime ne rencontre que de la bienveillance, du soutien dans sa famille, l'enfant naturel, au contraire, ne rencontre, la plupart du temps, que des personnes mal disposées, quelquefois même ennemies.

Ajoutons que l'opinion, que les mœurs publiques, qui peuvent aussi retenir les pères et mères légitimes dans le respect de leur devoir, ont presque toujours beaucoup moins d'empire sur les pères et mères naturels.

Tel est donc le système que nous adoptons, et nous en tirons naturellement des conséquences diamétralement opposées à celles que l'on déduit du système que nous combattons.

CHAPITRE II.

DE LA PUISSANCE PATERNELLE QUANT AUX BIENS. — DU DROIT D'ADMINISTRATION PATERNELLE EN PARTICULIER.

Nous venons d'étudier dans le chapitre précédent, la puissance paternelle en tant qu'elle porte sur la personne même de l'enfant, il s'agit de déterminer maintenant quels sont ses effets quant aux biens. Nous rencontrons ici deux ordres d'idées bien distinctes : il y a ce que l'on appelle l'administration légale ou paternelle, c'est-à-dire la gestion des biens des enfants pendant le mariage ; en second lieu nous trouvons l'usufruit légal ou paternel, c'est-à-dire la jouissance que la loi accorde au père ou à la mère sur les biens de leurs enfants pendant un certain temps et sous certaines conditions.

Nous ne parlerons dans notre travail que de l'administration légale. Une étude même incomplète de l'usufruit paternel nous entraînerait dans de trop longs développements ; et nous pouvons dire que ce sujet, tout en se rattachant à la puissance paternelle, comporte par sa nature même, par sa difficulté, par son importance une étude toute spéciale. Elle ne saurait être l'accessoire de celle que nous faisons déjà. Quant à l'administration, elle se lie trop intimement à notre travail pour que nous la passions sous silence.

Le Code cependant ne parle pas de ce droit dans le titre de la Puissance paternelle ; mais il faut dire que tous les attributs de la puissance paternelle n'ont pas été exposés dans un seul et même chapitre : plusieurs ont eu leur exposition renvoyée au siége de la matière spéciale qu'ils regardent. C'est en tête des matières consacrées à la tutelle que ce droit d'administration du père est écrit, art. 389 : « Le père est, durant le mariage, « administrateur des biens personnels de ses enfants « mineurs. »

C'est une idée de protection pour l'enfant en bas âge qui a dicté cette disposition.

Mais quelles sont les règles de cette administration ? La loi a-t-elle établi certaines garanties de la propriété de l'enfant ? L'art 389 s'est contenté de dire : « Le père

« administrateur est comptable, quant à la propriété et
« aux revenus des biens dont il n'a pas la jouissance ; et
« quant à la propriété seulement, de ceux des biens dont
« la loi lui donne l'usufruit. »

Cette dernière disposition est à peu près inutile, car
il est évident qu'un administrateur doit être comptable.
La difficulté est de savoir si l'administrateur légal obéit
aux mêmes règles que le tuteur. Rappelons d'abord en
quelques mots quelles sont les garanties prises par la loi
pour assurer la bonne administration du tuteur.

D'abord comme garanties de restitution et de bonne
gestion, le Code a établi l'hypothèque légale du mineur
sur les biens de son tuteur (art. 2121), un subrogé tuteur
(art. 420), un conseil de famille organisé et permanent,
exerçant une surveillance générale (art. 405-429), et
enfin la possibilité d'exclure ou même de destituer le
tuteur. (Art 444.)

De plus, la loi ne s'est pas contentée de protéger le
mineur déjà d'une manière si efficace, elle a encore
déterminé quels étaient les pouvoirs du tuteur. Elle a
distingué quatre espèces d'actes, régis selon leur importance, par des règles différentes : les premiers, les actes
d'administration, le tuteur peut les faire seul ; pour les
autres plus importants, l'autorité du conseil de famille
est nécessaire, mais suffisante. Allons plus loin, et alors
il faudra non-seulement l'autorisation du conseil de
famille, mais encore l'homologation judiciaire ; enfin
certains actes sont entièrement interdits au tuteur.

Eh bien ! toute cette organisation de la tutelle est-elle
applicable à l'administration légale ? Une disposition
qui était dans le projet du Code nous éviterait bien des

difficultés, si elle avait subsisté ; elle s'exprimait ainsi :
« Tout ce qui intéresse la propriété des biens sera réglé
« par les dispositions relatives à l'administration du
« tuteur. » Malheureusement cet article a disparu, et sa
disparition nous laisse en présence de grandes et nombreuses difficultés.

On a soutenu pendant un certain temps que tout le
système de la tutelle doit s'appliquer à l'administration
légale. « La situation, disait-on, n'est-elle pas de tous
« les points la même ? Administrateur légal ou tuteur,
« le nom importe peu. La vérité du fait, c'est que le père
« est chargé d'administrer les biens de son enfant mi-
« neur ; or la tutelle n'a pas d'autre mission que celle-
« là. Donc il n'y a pas de différence. » On invoquait
encore le silence de la loi, en disant que ce silence même
était la preuve que les règles de la tutelle étaient ici
applicables. Autrement on ne comprendrait pas comment
le législateur aurait pu se taire sur une aussi importante
question.

Ce système, malgré son ensemble, malgré sa simpli-
cité, ne pouvait réussir. Disons pourquoi.

Il repose d'abord sur la complète assimilation de l'administration et de la tutelle. Cette assimilation est fausse.
En fait et en raison il y a une différence, du tout au tout,
entre les enfants qui ont encore leur père et mère, et
ceux qui ont perdu l'un ou l'autre.

Pendant le mariage, la tendresse de l'un des époux
garantit, pour ainsi dire, celle de l'autre ; dans la tutelle,
rien de semblable.

Ajoutons que les enfants n'ont pas ordinairement beaucoup de biens personnels, tant qu'ils ont leur père et mère,

car le plus souvent la première origine de leur fortune est le prédécès de leur père ou de leur mère; enfin, pendant le mariage, il n'y a pas ordinairement d'intérêts opposés entre les père et mère et les enfants, de ces intérêts que la mort de l'un d'eux ouvre au contraire presque toujours.

Toutes ces observations ne peuvent plus se faire lorsqu'il s'agit de la tutelle. Au reste dans notre ancienne jurisprudence distinguait-on déjà la légitime administration du père d'avec la tutelle. Les pouvoirs qui résultaient de la première, tous fondés sur l'amour et le dévouement paternels étaient beaucoup plus libres et beaucoup plus étendus que ceux du tuteur.

C'est esprit a passé dans le Code Napoléon et il a établi une grande différence entre l'administration légale et la tutelle : et cette différence se manifeste bien dans les art. 389 et 390 (1), qui distinguent si soigneusement l'une de l'autre, et qui n'ont pas pu vouloir sans doute, faire seulement une distinction dans les mots, ni assimiler complétement deux situations entre lesquelles ils élevaient cette évidente antithèse. Au reste les travaux préparatoires ne nous laissent aucun doute. M. Berlier disait dans l'exposé des motifs : « Tout mineur n'est pas « nécessairement en tutelle : celui dont les père et mère « sont encore vivants trouve en eux des protecteurs na-

----

(1) Art. 389. « Le père est, durant le mariage, administrateur des biens personnels de ses enfants mineurs. Il est comptable quant à la propriété et aux revenus des biens dont il n'a pas la jouissance, et, quant à la propriété seulement, de ceux des biens dont la loi lui donne l'usufruit. »

Art. 390. « Après la dissolution du mariage, arrivée par la mort naturelle ou civile de l'un des époux, la tutelle des enfants mineurs et non émancipés appartient de plein droit au survivant des père et mère. »

« turels, et, s'il a quelques biens personnels, l'admi-
« nistration en appartient à son père. La tutelle com-
« mence au décès du père ou de la mère ; car alors, en
« perdant un de ses protecteurs naturels, le mineur ré-
« clame déjà une protection plus spéciale de la loi. »

Il faut donc qu'il y ait des différences au fond des choses et dans les effets. Mais pour répondre à notre question, il ne faut pas la décider d'une manière absolue, et il ne nous sera permis de donner une solution satisfaisante qu'en prenant successivement les diverses phases qu'elle peut présenter.

Nous nous occuperons d'abord des garanties de bonne gestion et de restitution. La première question qui se présente est celle peut-être qui a été le plus débattue? Les biens du père sont-ils grevés d'une hypothèque légale en faveur de l'enfant dont il administre les biens?

Avec la jurisprudence et la majorité des auteurs, nous répondons sans hésiter non. Les art. 2115 et 2117 nous donnent d'abord un argument de texte irréfutable. (Art. 2115.) « L'hypothèque n'a lieu que dans les cas et « suivant les formes autorisées par la loi. » L'art 2117 ajoute : « L'hypothèque légale est celle qui résulte de la loi. » Or, est-il fait quelque part mention de l'hypothèque dont on nous parle? Non, aucun article ne la mentionne, donc elle n'existe pas. L'hypothèque a un caractère trop grave et des conséquences trop terribles pour pouvoir l'établir sans un texte précis.

Nos adversaires, se fondent sur le principe, *ubi eadem ratio, ibi idem jus esse debet*, et trouvent que le motif qui a fait grever les biens du tuteur d'une hypothèque légale doit faire décider de même pour le cas où le père est administrateur légal. Ils soutiennent qu'en réunissant ensemble ces deux administrations, la loi a montré manifestement son intention de les faire marcher de pair, aussi n'est-elle entrée dans aucun détail sur l'administration du père, puisqu'elle s'était expliquée quant à la tutelle. Selon les partisans de ce système, l'art. 2121 est incomplet dans ses termes, et il faut ajouter pour avoir toute la pensée de la loi, que l'enfant a une hypothéque sur les biens de son père administrateur légal.

Admettons un instant avec nos adversaires l'analogie qu'ils veulent établir; mais serait-ce une raison même alors d'établir l'hypothèque? Non, l'art. 2121 peut-être incomplet, mais ce n'est pas à nous de le compléter. Comme nous le disions tout à l'heure, l'hypothèque n'est pas une de ces garanties qu'on peut suppléer impunément : le régime hypothécaire intéresse la société tout entière ; il affecte le crédit public, et le législateur seul a le droit de l'organiser. La loi peut avoir tort d'avoir gardé le silence, ce n'est pas à nous qu'il appartient de la refaire.

Mais nous disons plus et nous soutenons même que cette prétendue analogie n'existe pas. Lorsque l'enfant est sous la tutelle de son père, il a presque toujours des intérêts en conflit avec ceux de son tuteur : pendant l'administration légale, au contraire il est bien rare qu'une pareille opposition existe, par suite de la rareté des cas où l'enfant a des biens personnels du vivant de son père et de sa mère, et cette rareté a paru suffisante au législateur pour ne pas imposer au père une hypothèque légale, qui se serait jointe à celle, qui grève déjà ses biens au profit de sa femme. Les intérêts de l'enfant ne seront pas menacés, car le père d'abord est toujours comptable, et en outre la mère est là, dont la présence et la tendresse seront les meilleures garanties de l'administration paternelle.

Notons enfin que les partisans de l'opinion qui veut attacher une hypothèque légale à l'administration paternelle, sont fort embarrassés pour en déterminer le rang. L'hypothèque daterait-elle du jour de la naissance de l'enfant, comme l'hypothèque du mineur date du jour de l'acceptation de la tutelle? Ou bien ne naîtrait-elle que du jour où les enfants commencent à avoir des propriétés? Il est donc bien évident que si la loi avait établi cette hypothèque, elle ne se serait pas tue à deux reprises différentes, et sur son existence, et sur son rang.

Quant à la question de savoir si le père administrateur a un subrogé-tuteur, nous nous étonnons qu'elle ait même pu naître.

Qui dit subrogé-tuteur, dit tuteur; or, il n'y a point de tuteur, il n'y a point de tutelle. L'art. 420 n'est donc pas applicable! Ce raisonnement de M. Demolombe nous paraît irréfutable.

La pratique est conforme à la doctrine. La mère est là pour remplacer le subrogé-tuteur, et nous le répétons, il est bien rare que les enfants aient des biens personnels, ou des intérêts contraires à ceux de leur père et mère.

Cela peut arriver cependant, par exemple le père et l'enfant sont appelés à une même succession! Nous éviterons de dire qu'on lui donnera un tuteur *ad hoc* ou un subrogé-tuteur *ad hoc*, car il n'a pas là de tutelle. Nous donnerons à l'enfant un administrateur *ad hoc;* et celui-ci ne sera pas soumis à l'hypothèque légale ; il n'en serait plus de même si nous employons les mots de tuteur ou de subrogé-tuteur.

La solution que nous donnons à cette question, fait pressentir celle que nous donnerons pour le conseil de famille. Evidemment il n'y a pas plus lieu d'organiser un conseil de famille que de nommer un subrogé-tuteur. Le Tribunat et l'orateur du gouvernement ont déclaré en termes formels que le père, durant le mariage, n'était pas sous la dépendance d'un conseil de famille. « Si pen-
« dant que le mariage existe, la loi n'admettait aucune
« différence entre le père et le tuteur proprement dit,
« il faudrait que le père fût par rapport aux biens person-
« nels de ses enfants, assujetti, durant le mariage, à
« toutes les conditions et charges que la loi impose
« au tuteur. Il faudrait que la père fût sous la surveil-
« lance d'un subrogé-tuteur, sous la dépendance d'un
« conseil de famille, etc., etc., ce qui répugne à tous les
« principes constamment reçus. »

Il y aura des cas, où le père, pour faire certains actes, aura besoin, nous le verrons plus loin, de l'avis d'un conseil de famille ; mais ce conseil de famille différera essentiellement de celui qui est donné au tuteur, en ce sens qu'il n'est plus permanent : il ne sera qu'acciden-rellement convoqué. Ce sera le père lui-même qui pro-voquera cette mesure, s'il veut arriver à faire les actes en question ; nul autre que lui n'aura l'initiative de cette nomination.

Nous avons dit que la possibilité d'exclure ou même de destituer le tuteur était une garantie donnée par la loi au mineur. Cette garantie existe-t-elle au profit de l'en-

fant à l'égard de son père administrateur légal? L'art. 444
nous dit : « sont aussi exclus de la tutelle et même des-
« tituables, s'ils sont en exercice : 1° les gens d'une in-
« conduite notoire ; 2° ceux dont la gestion attesterait
« l'incapacité ou l'infidélité. »

La raison et la nécessité suffisent seules pour appliquer cet article à l'administration légale ; il est certain
que le père ou la mère, dont l'administration compromet
les biens de l'enfant, peut en être écarté! La règle de
l'art. 450, administrer en bon père de famille s'applique
aussi bien, nous pouvons même le dire, encore plus strictement, au père qu'au tuteur, et l'art. 444 en doit être la
nécessaire sanction aussi bien pour l'un que pour l'autre. Nous laisserons toutefois aux tribunaux un grand
pouvoir d'appréciation : ils devront s'animer de l'esprit
de la loi, et se rappeler que la loi voit le père d'un œil
plus favorable que le tuteur : ils devront se borner autant
que possible à pourvoir à l'intérêt en souffrance, afin de
porter à la puissance paternelle le moins d'atteinte possible.

Nous ráisonnons dans l'hypothèse où le père n'est pas en
même temps usufruitier légal ; mais s'il en est usufruitier,
la question devient plus embarrassante, car alors il pos-
sède et administre les biens de l'enfant, non-seulement
comme son représentant et son mandataire légal, mais aussi
en vertu d'un droit à lui propre (art. 453), en vertu de
son droit personnel d'usufruit. Même en ce cas nous
donnerons la même solution, car la raison et la nécessité
l'exigent. Il faut bien en effet arriver à un moyen d'enlever l'administration à un homme qui en est indigne.
Nos anciens auteurs n'hésitaient nullement, et la Cour

de Cassation, selon nous, a bien fait de décider comme eux.

Ne faut-il pas aller au-delà des limites de la question que nous venons de voir, et ne faut-il appliquer au père administrateur légal toutes les causes d'incapacité, d'exclusion ou de destitution? M. Valette soutient l'affirmative, par une induction d'analogie avec la tutelle : appliquant au père administrateur les règles de l'administration du tuteur, le savant professeur en applique aussi les conséquences.

Nous préférons cependant nous ranger au système de M. Aubry qui soutient la négative. En effet, les articles 427-442 et suivants s'appliquent à la tutelle, au tuteur; or il n'y a dans notre hypothèse, ni tuteur ni tutelle ; sans doute nous empruntons nous-mêmes plus d'un article au régime de la tutelle; mais alors il y a soit nécessité, soit analogie.

Dans notre question, il n'en est pas ainsi; d'une part en ce qui concerne les causes d'incapacité, d'exclusion de destitution, l'administration légale est un attribut de la puissance paternelle : elle est une conséquence naturelle de l'autorité du père sur la personne de ses enfants; or les causes d'incapacité, d'exclusion ou de destitution de la tutelle ne sont pas applicables à la puissance paternelle, par exemple la dégradation civique (art. 34, C. P.), donc l'autorité paternelle doit subsister alors tout entière et par conséquent avec le droit d'administration légale, d'autant plus que les dispositions, qui prononcent des incapacités ou des exclusions sont de droit étroit, et ne doivent pas être étendues.

D'autre part, et en ce qui concerne les excuses et les causes de dispense, le père, conservant toujours les pré-

rogatives, les avantages de la puissance paternelle, ne
saurait invoquer ces causes à l'effet seulement de se
soustraire aux charges corrélatives qu'elle impose. En
outre le père est bien plus tenu de protéger son enfant
que le tuteur n'est tenu envers son pupille. Nous laisserons toutefois une grande latitude aux tribunaux pour
déterminer si, dans certains cas, ils ne pourront pas
dispenser le père.

Il s'agit maintenant de déterminer si les règles, qui
organisent et limitent les pouvoirs du tuteur, doivent
s'appliquer au père administrateur légal.

Faisons tout de suite une observation qui n'est pas
sans importance. Nous venons de constater que le père
n'est soumis ni à la surveillance d'un subrogé-tuteur, ni
à la dépendance d'un conseil de famille. Les pouvoirs
d'administration du père sont donc plus étendus que les
pouvoirs du tuteur. Le mandat du père, sous ce rapport,
présente beaucoup d'analogie avec le mandat du mari
administrant les biens personnels de sa femme. Dans les
deux cas, l'affection présumée existant entre le mandant
et le mandataire a paru au législateur une garantie suffisamment rassurante en ce qui concerne les actes d'administration. Le père pourra donc, comme le mari, faire
seul certains actes, pour lesquels au contraire il faudrait
au tuteur soit l'assistance du conseil de famille, soit du
subrogé-tuteur.

L'art. 451 (1) impose au tuteur la nécessité de faire

---

(1) Art. 451. « Dans les dix jours qui suivront celui de sa nomination, dûment connue de lui, le tuteur requerra la levée des scellés, s'ils ont été appo-
sés, et fera procéder immédiatement à l'inventai e des biens du mineur, en

procéder, dans les dix jours de sa nomination dûment connue de lui, à la confection de l'inventaire des biens du mineur, en présence du subrogé-tuteur. Faut-il dire que le père est tenu de la même obligation à dater du moment où son enfant a des biens? Les art. 1414, 1415, 1442 nous font répondre affirmativement : mais il n'est pas tenu de se faire nommer un contradicteur à lui-même. En principe, le mandataire d'une personne est capable à lui seul de la représenter : or, l'art. 451 vient bien déroger à cette règle en vue du tuteur, mais il n'est nullement question de l'administrateur légal : nous devons donc renfermer l'exception dans ses limites, et ne pas déroger au droit commun sans un texte qui nous y autorise.

A défaut d'inventaire, nous croyons avec M. Aubry, que la consistance du mobilier pourra être établie par commune renommée. Bien que ce soit là une preuve exceptionnelle, elle rentre trop dans l'esprit de la loi pour que nous ne l'admettions pas. On ne comprendrait guère que la loi, qui l'admet dans les cas prévus par les art. 1415, 1442 et 1504 ne l'eût pas également admise dans notre hypothèse.

Quant à la disposition finale de l'art. 451 nous ne l'appliquons certainement pas au père. Celui-ci ne perdra pas les créances qu'il a contre son enfant, faute d'en avoir fait la déclaration dans un inventaire. La défiance

---

présence du subrogé-tuteur. S'il lui est dû quelque chose par le mineur, il devra le déclarer dans l'inventaire, à peine de déchéance, et ce sur la réquisition que l'officier public sera tenu de lui en faire, et dont mention sera faite au procès-verbal. »

ne pouvait pas être la même à l'égard du père et à l'é-
gard du tuteur. Un père en venant au point de dépouiller
son enfant a paru au législateur une hypothèse si impossible, qu'il n'a même pas prévu le moyen d'y remédier.

Nous n'appliquerons pas encore au père l'art. 452 (1).
C'est le père lui-même qui| est juge de savoir s'il con-
vient de vendre ou de conserver les meubles de ses enfants : car au fond de cette controverse il y a autant une
question d'éducation qu'une question d'administration.
Ces biens, en effet, seront peut-être mis en réserve par
le père en vue de l'instruction ou de l'apprentissage de
son enfant : le forcer à cette vente c'est peut-être entraver ses projets et porter atteinte à la puissance paternelle. On peut objecter que le père tuteur, qui n'aurait
pas l'usufruit des biens de son enfant serait obligé de
faire cette vente, quoique pour l'en dispenser, on puisse
donner la même raison que celle que nous avons donnée
plus haut. Nous répondons que la position du père
n'est pas exactement la même, et qu'en tout cas, dans
l'absence d'un texte, nous devons décider de la manière
la plus large en faveur du droit d'éducation. L'article 453 (2) règle l'hypothèse de la tutelle légale du père

---

(1) Art. 452. « Dans le mois qui suivra la clôture de l'inventaire, le tuteur
fera vendre, en présence du subrogé-tuteur, aux enchères reçues par un officier public, et après des affiches ou publications, dont le procès-verbal fera
mention, tous les meubles autres que ceux que le conseil de famille l'aurait
autorisé à conserver en nature. »

(2) Art. 453. « Les père et mère, tant qu'ils ont la jouissance propre et légale des biens du mineur, sont dispensés de vendre les meubles s'ils pré-
fèrent les garder pour les remettre en nature. Dans ce cas, ils en feront faire,

ou de la mère survivant ; or nous sommes sous le régime de l'administration légale. Le père, dans ce dernier cas, prend seul le parti qu'il croit le meilleur, sous sa responsabilité personnelle envers ses enfants.

Ne voulant pas que le père soit obligé de vendre les meubles de son enfant, nous nous trouvons alors en face d'une difficulté nouvelle. A-t-il le droit de les vendre ? L'art. 1988 semble nous obliger à donner une réponse négative. Le pouvoir d'administrer n'emporte pas en effet celui d'aliéner. Cependant nous dirons que le père peut les vendre. En effet, l'art. 452 dit au tuteur de vendre les biens de son pupille, bien qu'il ne soit qu'un administrateur ; ce n'est pas seulement un droit, c'est un devoir ; et le conseil de famille seul peut le relever de son obligation. Nous venons de dire que le père n'est pas obligé de vendre ; mais comment supposer que le père administrateur ait moins de droit que le tuteur étranger? S'il était tuteur, il pourrait vendre ces meubles. Eh bien ! le fait que l'enfant a perdu sa mère restreint les pouvoirs du père plutôt qu'il ne les étend. Le père administrateur doit donc ici avoir au moins autant de droits que s'il était tuteur.

Dans quelles formes devra-t-il procéder à l'aliénation? La question est controversée ; mais il est un point sur lequel tout le monde est d'accord. La loi du 24 mars 1806 et le décret du 25 septembre 1813 ont décidé que le tu-

---

à leurs frais, une estimation à juste valeur, par un expert, qui sera nommé par le subrogé-tuteur et prêtera serment devant le juge de paix. Ils rendront la valeur estimative de ceux des meubles qu'ils ne pourraient représenter en nature. »

teur n'aurait aucune autorisation à requérir pour la vente des inscriptions ou promesses d'inscriptions de 5 °/₀ consolidés produisant une rente de cinquante francs et au-dessous, et pour la vente d'une action de la Banque de France ou de parties d'actions de la Banque n'excédant pas en totalité une action entière. Tous les auteurs appliquent cette disposition au père administrateur légal; il y a une telle analogie entre les deux cas, que la loi n'a pas pu penser à leur donner deux solutions différentes. Le père aurait ce pouvoir en devenant tuteur. Or, la tutelle restreint ses droits, au lieu de les étendre. Il doit donc trouver dans l'administration légale ce qu'il trouverait dans la tutelle.

Nous donnerons encore la même solution pour les autres meubles. Nous admettons, en effet, que le père peut les vendre, et qu'il est le mieux à même d'apprécier s'il y a utilité ou non pour l'enfant. Il nous faut donc suivre notre système jusqu'au bout, reconnaître que le père là encore sera le plus à même d'apprécier les formes sur lesquelles devra se faire la vente.

L'administrateur légal n'est pas non plus sous le coup de l'art. 454, qui impose au tuteur, autre que les père et mère, la nécessité de faire régler par le conseil de famille la somme à laquelle pourra s'élever la dépense annuelle du mineur. Le père peut, au contraire, prélever la somme qu'il voudra pour l'éducation de son enfant. C'est là déjà un droit qui appartient au père, s'il est tuteur; à plus forte raison doit-il lui appartenir, quand il est administrateur légal. Nous n'appliquerons donc pas non plus les art. 455 et 456 qui ne font que continuer l'idée émise dans l'art. 453.

Ces articles d'ailleurs, qui mettent, dans certains cas, de plein droit à la charge personnelle du tuteur, les intérêts des sommes appartenant au mineur, ces articles constituent des exceptions au droit commun. (Art. 1153, 1154.) Le père ne doit donc les intérêts des sommes non employées, qu'autant qu'en fait, il sera jugé que le défaut d'emploi est de sa part une faute telle qu'elle doit engager sa responsabilité comme mandataire légal et le faire condamner à des dommages-intérêts. Il ne pourrait pas invoquer l'art. 1996 (1); car cet article est inapplicable au mandataire, qui était chargé de faire fructifier les intérêts du mandant et qui a manqué à cette obligation.

On s'est demandé si l'art. 454-2° devait s'appliquer à notre matière, si le père peut, comme le tuteur, se faire autoriser par le conseil de famille qu'il fera organiser, à s'aider dans sa gestion d'un ou de plusieurs administrateurs particuliers qui géreront sous sa responsabilité propre. L'affirmative nous paraît certaine, et nous sommes peu touchés de l'argument qui dit que la relation de paternité établit entre le père et l'enfant des devoirs plus étendus que la tutelle n'en établit entre le pupille et le tuteur. Dès-lors, dit-on, on peut concevoir que le tuteur se fasse dispenser en partie du devoir d'administrer sans que le père le puisse; et comme il n'y a pas de texte pour l'en dispenser, il nous est loisible de penser que le père ne peut pas invoquer le 2° de l'art. 454. Ce raisonnement tombe, selon nous, devant l'intérêt de l'enfant:

---

(1) Art. 1996. « Le mandataire doit l'intérêt des sommes employées à son usage, à dater de cet emploi, et de celle dont il est reliquataire, à compter du jour qu'il est mis en demeure. »

il peut avoir, en effet, des biens très-étendus, mais aussi très-dispersés. Il peut avoir encore une fortune, qui réclame des notions spéciales. Si vous ne permettez pas au père d'employer des administrateurs salariés au compte de l'enfant, vous allez peut-être causer les plus graves préjudices à ce dernier; une idée d'économie vous mènera à la ruine. Car le père évitera une dépense que peut-être il ne peut pas faire; et il gardera à lui seul une administration trop lourde pour lui, et à laquelle il donne nécessairement des soins moins profonds et moins continus. Le père comme le tuteur nommera ces administrateurs; mais ce sera le conseil de famille qui en déterminera les émoluments; car c'est à celui-ci de déterminer jusqu'où va l'obligation du père.

Notons toutefois que cette règle s'appliquera rarement; car le père sera le plus souvent usufruitier légal, et une charge précisément de cet usufruit sera de payer l'administrateur qui remplacera le père. (Art. 385-1°.)

Tous les actes dont nous venons de parler, sont ce qu'on appelle des actes d'administration. Pour en finir avec cette catégorie d'actes, parlons tout de suite des baux qui peuvent affecter les biens de l'enfant. Il est certain que c'est au père qu'il appartient de louer les biens de son enfant. Il n'y aurait aucun droit d'administration pour lui, s'il n'avait pas celui-là en première ligne; mais il ne pourra en faire que suivant les conditions déterminées par l'art. 1718, qui, d'après ses termes mêmes, est indistinctement applicable aux baux des biens des mineurs.

Que nous dit donc l'art. 1718? « Les articles du titre « du Contrat de mariage et des Droits respectifs des

« époux relatifs aux baux des biens de femmes mariées,
« sont applicables aux baux des biens des mineurs. »
Rappelons ces règles, en mentionnant les art. 142 9
et 1430.

Art. 1429. « Les baux que le mari seul a faits des
« biens de sa femme pour un temps qui excède neuf ans
« ne sont, en cas de dissolution de la communauté,
« obligatoires vis-à-vis de la femme ou de ses héritiers
« que pour le temps qui reste à courir, soit de la pre-
« mière période de neuf ans, si les parties s'y trouvent
« encore, soit de la seconde et ainsi de suite, de manière
« que le fermier n'ait que le droit d'achever la jouissance
« de la période de neuf ans où il se trouve. »

Art. 1430. « Ces baux de neuf ans et au-dessous que
« le mari seul a passés ou renouvelés des biens de sa
« femme, plus de trois ans avant l'expiration du bail
« courant, s'il s'agit de biens ruraux, et plus de deux
« ans avant la même époque, s'il s'agit de maisons, sont
« sans effet, à moins que leur exécution n'ait commencé
« avant la dissolution de la communauté. »

Transportons ces dispositions dans notre matière et
nous dirons que si le père a fait le bail pour plus de neuf
ans, ce bail sera valable tant à son égard qu'à celui du
locataire, pourvu que l'administration dure tout ce temps-
là ; mais si elle vient à finir pour être remplacée par
celle de l'enfant devenu majeur, ou par celle de ses héritiers, le propriétaire du bien loué pourra refuser de continuer le bail au-delà de la période de neuf ans, dans
laquelle on se trouve à dater du commencement du bail.
Ainsi, le bail a été conclu le 1ᵉʳ janvier 1840, pour une
durée de dix-huit ans ; l'administration légale du père,

cesse le 1ᵉʳ janvier 1847; le propriétaire du bien aura le droit de ne le continuer que jusqu'au 1ᵉʳ janvier 1849. Mais il pourra, s'il le préfère, conserver le bail tel qu'il a été stipulé et contraindre le locataire à exécuter la convention : celui-ci est à la merci du propriétaire ; si toutefois celui-ci gardait le silence, il pourrait le mettre en demeure de se prononcer sur la ratification du bail.

Quant au renouvellement des baux, le père a encore les mêmes pouvoirs que le mari. Il pourra donc valablement renouveler un bail de biens ruraux qui devrait expirer dans les trois ans, et un bail de maisons qui devrait finir dans deux ans.

Le père pourra-t-il, comme le tuteur, prendre à ferme les biens de son enfant? Le voilà placé entre son intérêt propre et celui de son enfant. L'art. 450 recevra donc ici son application. Il décide que le tuteur qui voudra recevoir à bail les biens de son pupille devra se faire passer un bail par le subrogé-tuteur. Nous nommerons donc ici un représentant extraordinaire à l'enfant, afin de le représenter vis-à-vis de son père. De plus, de même que le subrogé-tuteur doit être autorisé par le conseil de famille, de même le père ne pourra prendre à bail le bien de son enfant qu'autant qu'il se sera fait autoriser par un conseil de famille, convoqué extraordinairement. Le père devra bien avoir soin d'agir comme nous venons de le dire. Passer outre ces précautions serait très-grave pour lui. Car s'il ne le fait pas, à la reddition de son compte d'administration, l'enfant pourra le forcer à augmenter le prix qu'il avait seul assigné au bail, si l'enfant prouve que le prix était trop modique. Et, ce qui est plus grave encore, l'enfant pourrait méconnaître le bail dès

qu'il serait redevenu son propre administrateur. Il n'aurait pas à observer les périodes de neuf ans : l'art. 1818
n'a en vue que les baux régulièrement faits, et celui
dont nous parlons serait certes aussi irrégulier que possible. Il y a aussi une grande utilité pour l'enfant dans
l'emploi des formes que nous avons déterminées ; elles
permettront au père de renouveler et de passer des baux
à l'époque même la plus voisine de la fin de son administration, et cette surveillance du conseil de famille
empêchera le père de faire survivre à son administration,
un état de choses qu'il n'aurait créé que dans son intérêt. Là, où il n'y aurait pas avantage pour l'enfant d'é-
tablir un long bail au moment même où il va devenir
maître de sa fortune, le conseil de famille refusera son
autorisation. Si c'est au contraire utile aux intérêts de
l'enfant, le père ainsi autorisé, pourra sans inconvénient
passer un bail, dont il ne craindra pas de voir les conséquences se retourner contre lui.

Arrivons maintenant aux actes pour l'accomplissement
desquels le tuteur a besoin de l'autorisation du conseil
de famille, et demandons-nous si les mêmes règles s'appliquent à l'administration légale.

La question est débattue, et les diverses opinions sont
toutes soutenues par de puissants esprits.

MM. Zachariæ (1) et Marcadé (2) enseignent que le
droit en vertu duquel le père administre les biens de son
enfant et le représente dans tous les actes de la vie civile
n'est en général soumis à aucune restriction. Il n'y a pas

---

(1) Tome I, p. 202, texte et note 7.
(2) Marcadé, tome II, art. 389, n° 1.

de conseil de famille, et il ne doit pas y en avoir. Or, s'il n'y en a pas, le père apparemment n'est pas tenu de le consulter, et M. Bertin atteste aussi que la chambre du conseil du tribunal de la Seine a presque toujours autorisé directement le père à passer les actes les plus importants, sans que le conseil de famille ait été appelé à donner son avis.

Nous préférons à ce système la doctrine (1) qui applique aux actes, dont nous nous occupons maintenant, les règles qui régissent sous ce rapport l'administra ton tutélaire.

Il résulte bien, en effet, des travaux préparatoires que le père administrateur n'est pas, comme un simple tuteur sous la surveillance habituelle, ni sous la dépendance complète d'un conseil de famille permanent; mais il n'en faut pas conclure qu'il n'y ait jamais lieu de recourir à l'avis de la famille pendant l'administration légale.

La rédaction primitive de l'art. 389 atteste de la part des auteurs du Code Napoléon une intention toute contraire. Cet article se terminait d'abord par un paragraphe ainsi conçu :

« Tout ce qui intéresse la propriété des biens sera « réglé par la disposition de la section. » C'est-à-dire précisément par la section qui soumet les actes du tuteur tantôt au simple contrôle du conseil de famille, tantôt au double contrôle du conseil de famille et du tribunal.

A l'objection qu'on peut nous faire, en s'appuyant sur la

---

(1) M. Valette, Explication sommaire du livre 1er du Code Napoléon ; M. Valette sur Proudhon, tome II, page 283, note A.

suppression même de cet alinéa, nous répondons que le seul motif en est sans doute la crainte qu'on a eue de voir dans cette rédaction une assimilation trop absolue entre la tutelle et l'administration légale.

Parcourons les divers cas prévus par la loi et nous verrons qu'il nous faudra presque toujours donner la même solution que pour le tuteur.

Nous appliquerons sans nul doute au père administrateur légal, l'art. 461. Le père ne pourra donc accepter une succession qu'autorisé par le conseil de famille et sous bénéfice d'inventaire. Les motifs de cette double restriction s'appliquent aussi bien au père qu'au tuteur. La loi a exigé le concours du conseil de famille, parce que l'acceptation même bénéfiaire oblige à faire le rapport et on comprend tout ce qu'aurait d'onéreux pour l'enfant de rapporter peut-être une donation considérable à une masse héréditaire dont il ne retirerait qu'une faible part; de plus, l'acceptation sous bénéfice d'inventaire est la seule permise, parce que l'acceptation pure et simple obligerait l'enfant à payer un passif énorme qui peut-être accompagne la succession. On voit de quelles garanties la loi entoure l'enfant d'abord, pour accepter, il faut l'autorisation du conseil, et alors même que cette acceptation est reconnue avantageuse, la loi n'admet que l'acceptation bénéficiaire, toute dans l'intérêt de l'acceptant.

Déciderons-nous de même s'il s'agit d'une disposition testamentaire offerte à l'enfant? Non, selon nous, bien que les auteurs exigent encore ici pour le tuteur cette même autorisation du conseil de famille. Nous dirons qu'il en est ainsi pour le tuteur, parce qu'il y a dans l'acceptation d'un legs une question de convenance et de moralité pour le pupille qui accepte, et on a voulu faire juge de cette question le conseil tout entier. Nous ne trouvons plus cette raison-là lorsque le père est administrateur légal. C'est lui le meilleur juge de la dignité et de l'honneur de son enfant, et si par hasard il venait à les oublier, la mère est là pour les lui rappeler.

Ce que nous disons des legs, nous le disons à plus forte raison d'une donation. En effet, le motif de décider est le même. De plus il ne peut s'agir d'obliger l'enfant, car la donation n'oblige le donataire qu'à une dette morale de reconnaissance.

Tout ce que nous avons dit à propos du legs se passera facilement lorsque l'enfant légataire aura la saisine, c'est-à-dire lorsqu'il ne se trouvera pas en concours avec des héritiers réservataires. Mais si l'enfant n'a pas la saisine, soit parce qu'il est en concours avec des héritiers réservataires, soit parce que son legs n'est qu'à titre universel ou même particulier, le père pourra avoir besoin de l'autorisation du conseil de famille, par exemple s'il s'agit d'immeubles, la demande en délivrance est une demande immobilière, et pour former une pareille demande, il lui faut une autorisation du conseil de famille.

Cette autorisation est nécessaire au tuteur pour répudier une succession. Nous appliquons encore cette disposition au père administrateur légal. Une répudiation est en effet un acte trop grave pour laisser au père un pouvoir sans limites. Cette solution, nous la donnons, quelle que soit la nature de la succession, mobilière ou immobilière. L'art. 461 est formel, et c'est en vain que certains auteurs ont voulu voir pour le tuteur la nécessité d'obtenir l'homologation du tribunal, en vertu de l'art. 457, quand la succession renfermait des immeubles. Admettre ce dernier système, ce serait renverser tous les principes sur l'indivisibilité du titre d'héritier, et il en découlerait cette conséquence inadmissible, que le père pourrait répudier la succession en tant qu'elle est mobilière, et ne le pourrait pas quant aux immeubles qu'elle comprend.

Les partisans de ce système l'étendent à l'administrateur légal.

Ce que nous venons de dire de la répudiation d'une succession *ab intestat*, nous l'étendons à celle d'une succession testamentaire, parce qu'il y a les mêmes motifs de décider.

Nous n'accordons pas plus au père qu'au tuteur le droit d'introduire une action immobilière au nom de l'enfant, sans avoir obtenu l'autorisation du conseil de famille, (art. 464). En effet, un acte de cette nature est plus qu'un acte d'administration et moins qu'un acte de disposition; le législateur a donc eu raison de le permettre avec moins de liberté que les premiers et avec moins d'entraves que les derniers. Nous ne comprenons pas les deux systèmes exagérés; l'un n'imposant même pas l'autorisation du conseil de famille; l'autre, au contraire, exigeant l'homologation du tribunal.

Cette autorisation du conseil de famille suffira au père pour qu'il puisse, sans nouvelle autorisation, employer les voies ordinaires de recours légal, par lesquelles on attaque une décision judiciaire, car il ne fait que continuer la demande qu'il a introduite.

Voilà pour l'attaque, voyons maintenant pour la défense. Les pouvoirs du père deviennent alors plus
étendus. Il faut que le père puisse sans entrave défendre
le droit de ses enfants qu'on attaque, et il n'y a pas
d'inconvénient à lui laisser trop de liberté et trop de
latitude, car le ministère public est là pour reprendre
en main les intérêts de l'enfant, s'ils venaient à être
lâchement compromis par le père. Mais s'agit-il pour lui
d'acquiescer à une demande, le danger d'une collusion
apparaît, et le législateur met avec raison un pareil acte
sur le même rang que l'introduction d'une instance immobilière.

Voilà pour le cas d'une action immobilière; s'il s'a-
gissait d'une demande mobilière, il faut décider que le
père peut, comme le tuteur, sans autorisation du conseil,
introduire cette demande, s'en désister, y acquiescer ;
cela découle *a contrario* de notre art. 464.

Arrivons au partage. Nous appliquons encore l'art. 465
au père ; il ne pourra donc provoquer un partage qu'autorisé par le conseil de famille ; peu importe la nature
du partage ; quelle que soit la nature des biens indivis,
mobilière ou immobilière, l'art. 465 est aussi général
que possible.

S'agit-il au contraire de défendre à une action en partage, le père, pas plus que le tuteur, n'a besoin de
cette autorisation, et cela pour une bonne raison, c'est
que le conseil de famille ne pourrait pas la refuser ;
car nul n'est tenu de rester dans l'indivision (art. 815).
Nous décidons de même quand le père provoquera un
partage non pas définitif, mais provisionnel. Le partage
provisionnel ne comprenant que la jouissance pour une

période de cinq ans au plus, est un acte rentrant tout à fait dans la classe des actes d'administration ; il ne compromet pas la propriété de l'enfant, il ne regarde que la jouissance des revenus ; du droit que le père a de faire des baux, nous pouvons bien conclure qu'il peut régler la jouissance des biens indivis, mais cela seulement dans la limite posée par la loi dans l'art. 815.

Supposons que le père ait provoqué un partage définitif sans avoir obtenu l'autorisation du conseil de famille, qu'arrivera-t-il ? Nous pensons qu'en pareil cas le partage serait nul, même comme partage provisionnel. C'est en effet un acte fait par le père en dehors de ses attributions ; il ne doit donc pas avoir plus de valeur qu'un acte qu'aurait fait toute autre personne non chargée de représenter. Or, évidemment, nul ne songerait à valider, comme partage provisionnel, celui qui aurait été fait par un autre que le père. D'ailleurs la loi n'est pas favorable au partage de jouissance, et, comme elle, on ne doit pas l'accepter facilement. Qu'arriverait-il, au surplus, si on admettait dans notre hypothèse qu'il y a partage provisionnel ? On imposerait au copartageant une nature d'opération qu'il n'aurait peut-être jamais voulu faire, et on donnerait à l'acte du père une portée juridique qu'il ne doit pas avoir.

Les adversaires de ce système répondent à toute cette argumentation en disant que nul n'est censé ignorer la loi ; mais c'est là un adage qui s'applique surtout en matière criminelle, et de cet adage ils tirent toute une suite de conséquences que nous repoussons, puisque nous repoussons le point de départ même.

Le partage que le père fait pour son enfant doit être

fait dans les mêmes formes que la loi assigne au partage des biens appartenant à des pupilles. Ces formes n'ont été établies que pour éviter les fraudes qui se glissent plus facilement dans un partage que dans tout autre acte. Il n'y a donc pas de raison d'enlever cette protection à l'enfant dont le père administre la fortune.

Toutes les hypothèses que nous venons de parcourir, hypothèses du reste prévues par la loi elle-même, nous ont servi à bien démontrer quel a été l'esprit de la loi en exigeant le concours du conseil de famille comme contrôle de l'administration du tuteur. Nous avons tâché de montrer que la loi avait dû s'inspirer du même esprit à l'égard du père administrant les biens de son enfant, et sauf dans deux cas, où l'esprit de la loi elle-même nous a servi pour laisser au père une complète liberté, nous sommes resté fidèle à notre système, qui entoure certains actes de l'administration du père du contrôle d'un conseil de famille. Ce conseil de famille ne sera pas permanent, et c'est là la différence avec celui que la loi a placé à côté du tuteur.

La discussion que nous avons dit s'élever à propos des actes pour lesquels le tuteur a besoin de l'autorisation du conseil de famille, existe aussi dans la question de savoir si le père n'est pas, dans certains cas déterminés par les art. 457 et 467 (1), obligé de requérir, comme le

---

(1) Art. 457. « Le tuteur, même le père ou la mère, ne peut emprunter pour le mineur, ni aliéner ou hypothéquer ses biens immeub'es, sans y être autorisé par un conseil de famille. Cette autorisation ne devra être accordée que pour cause d'une nécessité absolue ou d'un avantage évident. Dans le premier cas, le conseil de famille n'accordera son autorisation qu'après qu'il aura été constaté, par un compte sommaire présenté par le tuteur, que les deniers,

tuteur, non-seulement l'autorisation d'un conseil de famille, mais encore l'homologation du tribunal.

Ici MM. Zachariæ et Marcadé se divisent. Le premier admet encore le pouvoir absolu du père, qu'aucune entrave ne vient arrêter. Pour écarter cette première opinion, il suffit de dire qu'aux termes mêmes de la loi le père n'est qu'un administrateur (art. 389), et l'art. 1988 dit formellement que le mandat général d'administrer n'emporte pas le pouvoir d'aliéner. L'emprunt est évidemment en dehors des limites ordinaires que comporte l'administration ; enfin la nature même de la transaction réclame certaines garanties.

M. Marcadé, au contraire, n'oblige le père qu'à la condition de requérir l'homologation du tribunal; quant à l'autorisation du conseil de famille, cet auteur dit que le père ne peut la demander puisqu'il n'y en a pas.

Nous suivrons encore dans cette question le même système que dans celle qui précède. Nous soumettrons l'administration légale aux mêmes règles que la tutelle. Le système de M. Marcadé est arbitraire. En effet, de deux choses l'une : ou les règles de l'administration tutélaire sont applicables à l'administration légale, ou elles ne lui sont pas applicables. Pourquoi donc remplacer l'autorisation du conseil de famille par l'homologation

---

effets mobiliers et revenus du mineur, sont insuffisants. Le conseil de famille indiquera, dans tous les cas, les immeubles qui devront être vendus de préférence, et toutes les conditions qu'il jugera utiles. »

Art. 467. « Le tuteur ne pourra transiger, au nom du mineur, qu'après avoir été autorisé par le conseil de famille et l'avis de trois jurisconsultes désignés par le procureur impérial. La transaction ne sera valable qu'autant qu'elle sera homologuée qar le tribunal, le procureur entendu. »

du tribunal? Est-ce que l'autorisation du conseil de famille n'est pas, pour ainsi dire, la condition préalable et nécessaire de l'autorisation du tribunal? Quel est en effet le but que l'on a voulu atteindre en demandant cette première autorisation? On a voulu éclairer la religion du tribunal et faire connaître ce qu'il ignore et ce qu'il ne peut apprendre que par des proches. On n'a qu'à voir, au contraire, dans quel embarras le tribunal se trouvera si l'on suit le système de M. Marcadé. Ce ne seront que des lenteurs, des dépenses et des frais. Rappelons encore l'argument que nous avons tiré des travaux préparatoires, et finissons en disant qu'on ne saurait entourer de trop de garanties les actes dont il s'agit, et dont les conséquences peuvent être si rigoureuses.

Il nous reste maintenant une dernière série d'actes, ceux qui sont complétement interdits au tuteur. L'article 450, *in fine*, s'exprime ainsi : « Le tuteur ne peut « ni acheter les biens du mineur, ni les prendre à ferme, « à moins que le conseil de famille n'ait autorisé le su-« brogé-tuteur à lui passer bail, ni accepter la cession « d'aucun droit ou créance contre son pupille. »

Nous interdisons de même ces actes au père. La raison, l'identité absolue de motifs, exigent ici encore une complète assimilation.

Cependant on a soutenu que le père n'est pas incapable d'acheter les biens de son enfant, pourvu qu'il ne figure pas dans le contrat comme représentant de ce dernier, au nom duquel stipulerait un tuteur spécialement nommé à cet effet. Pour soutenir cette thèse, l'on dit qu'il ne faut pas étendre les incapacités de la loi, et qu'il ne faut pas alors argumenter de l'incapacité du tuteur pour établir celle du père. On ajoute qu'il ne serait pas bon d'empêcher le père, qui peut-être a une grande fortune, d'acheter l'immeuble de son enfant, lorsque celui-ci, privé d'argent pour la réparation de ses autres biens, est obligé d'en vendre un.

Nous ne saurions admettre une pareille doctrine ; l'incapacité, qu'on nous reproche de créer, est écrite dans la loi. En effet, l'art. 1596 nous dit positivement que les mandataires ne peuvent se rendre adjudicataires, ni par eux-mêmes, ni par personnes interposées, des biens qu'ils sont chargés de vendre. Or, le père administrateur est, à ce titre, chargé de vendre, s'il y a lieu, les biens de son enfant, il ne peut donc les acheter. En outre, notre règle est très-sage et très-nécessaire : il est plus prudent de ne pas placer le père entre son intérêt et son devoir.

Les mêmes raisons nous empêchent encore d'admettre la décision de la Cour de Bordeaux, qui a jugé que l'article 450, d'après lequel le tuteur ne peut accepter la cession d'aucun droit contre son pupille, ne doit pas être appliqué au père administrateur des biens de ses enfants. L'esprit de la loi nous semble devoir dominer.

Quant aux baux, nous nous en sommes expliqué plus haut, de même pour l'acceptation pure et simple d'une succession.

Ce ne sont pas là les seuls actes que le père ne puisse pas faire : l'art. 1988 lui défend encore de faire une donation. Le danger d'un pareil acte suffisait seul pour en dicter la prohibition. Par donation, nous entendons un don d'une certaine valeur, et qui ne rentre pas dans ces petits cadeaux usuels, qui incombent nécessairement aussi bien à l'enfant qu'au père lui-même.

Le père ne peut pas non plus faire un compromis au nom de son enfant. Par compromis on entend un contrat par lequel les parties conviennent de la soumettre au jugement d'arbitres ; ce jugement fait la loi des parties et il est irrévocable. Le compromis est donc d'une gravité très-grande et d'une extrême importance : il peut être plus avantageux qu'une transaction en amenant un triomphe complet ; il peut être aussi beaucoup plus dangereux en entraînant une défaite complète. De plus, les jugements des arbitres sont vus par la loi d'un œil moins favorable que les jugements ordinaires. Aussi, par suite de ces raisons, la loi a-t-elle décidé que l'on ne pourrait faire de compromis que sur les biens dont on a la libre disposition. (Art. 1003, 1004, Code de proc. (1), et jamais sur les contestations sujettes à la communication au ministère public. Or, les affaires qui regardent les mineurs lui doivent toujours être communiquées : c'est donc dire qu'elles ne peuvent être l'objet d'un compromis.

Nous en avons fini maintenant avec les différents actes que le père peut avoir à exécuter. Parlons du compte que le père doit rendre de son administration.

L'art. 389, *in fine*, nous dit : « le père est comptable,

---

(1) Art. 1003, C. de p. « Toutes personnes peuvent compromettre sur les droits dont elles ont la libre disposition. »

Art. 1004, C. de p « On ne peut compromettre sur les dons et legs d'aliments, logement et vêtements ; sur les séparations d'entre mari et femme, divorces, questions d'état, ni sur aucune des contestations qui seraient sujettes à communication au ministère public. »

« quant à la propriété et aux revenus des biens dont il
« n'a pas la jouissance , et quant à la propriété seule-
« ment de ceux des biens dont la loi lui donne l'usu-
« fruit. »

Quand bien même la loi n'aurait rien dit, les principes
généraux seuls auraient suffit pour nous faire astreindre
le père à la nécessité de rendre compte. Tout mandataire
ou tout administrateur doit rendre compte de sa gestion
(art. 1993), et comme les art. 471 et 473 ne font que consacrer le droit commun , nous les appliquerons sans hésiter à l'administration légale. Mais il n'en est plus de
même de l'art. 472 (1), et ce n'est pas une mince question
que celle de savoir si cet article doit être appliqué au
père. Les partisans de l'affirmative s'appuient sur des
arguments, dont nous reconnaissons la force et la gravité.
Ils s'appuient d'abord sur cette maxime : *ubi eadem ratio,
ibi idem jus esse debet.* Or, disent-ils, si on a cru devoir
forcer le tuteur à une reddition de compte fidèle, et si
pour cela on a déclaré nul tout traité qu'il ferait avec son
pupille, avant d'avoir rendu ses comptes et de les avoir
fait accompagner de pièces justificatives, c'est qu'on a
craint que le tuteur n'abusât de son ancien pouvoir pour
forcer l'ayant-compte à recevoir des comptes inexacts. La
position de l'enfant est bien plus digne de protection : car
de deux choses l'une ; ou son père sera honnête homme,
et alors il ne fera aucune difficulté de se prêter à la

---

(1) Art. 472. « Tout traité qui pourra intervenir entre le tuteur et le mineur devenu majeur sera nul, s'il n'a été précédé de la reddition d'un compte
détaillé et de la remise des pièces justificatives ; le tout constaté par un récé-
pissé de l'ayant-compte dix jours au moins avant le traité. »

reddition de ses comptes, ou il est animé de mauvais sentiments contre son enfant, qui se trouve alors n'avoir aucune protection contre son père ; il est dans une impossibilité morale de lui résister, bien plus grande encore que le pupille vis-à-vis de son tuteur, et la seule protection à lui donner, est de lui accorder le bénéfice de l'art. 472.

Malgré la gravité de ces raisons, nous ne saurions les admettre. Qu'il y ait parité de motifs, nous le voulons bien ; mais ce qui est certain aussi, c'est que la question est douteuse. Or, d'après le droit commun, toute personne majeure peut faire avec une autre personne majeure toute convention qu'il lui plaira. L'art. 472 vient donc déroger au droit commun par une disposition très-sage, nous le reconnaissons, mais qui n'est pas moins exorbitante. Il ne parle que du tuteur, et nous ne devons pas l'étendre. Ajoutons que les comptes de tutelle sont autrement compliqués et autrement graves que ceux qui peuvent résulter de l'administration légale, on peut donc bien dire que les précautions prises par l'art. 472 ont pu paraître moins nécessaires dans notre hypothèse que quand il s'agit de la tutelle.

Nous n'appliquerons pas davantage à notre matière l'art. 474 (1) et l'art. 475 (2). Il est incontestable que ces articles sont des dérogations manifestes aux principes

---

(1) Art. 474. « La somme à laquelle s'élèvera le reliquat dû par le tuteur portera intérêt, sans demande, à compter de la clôture du compte. Les intérêts de ce qui sera dû au tuteur par le mineur ne courront que du jour de la sommation de payer qui aura suivi la clôture du compte. »

(2) Art. 475. « Toute action du mineur contre son tuteur, relativement aux faits de la tutelle, se prescrit par dix ans, à compter de la majorité. »

généraux ; nous ne devons donc pas les étendre. Les intérêts des sommes dues, soit par le père à son fils, soit
par le fils à son père, ne courront que du jour de la demande, et l'action de part et d'autre se prescrira par trente
ans (art. 2262). Et si tout à l'heure nous avons refusé
à l'enfant le bénéfice de l'art. 472, il trouvera dans la solution que nous donnons maintenant à propos de la prescription, une certaine compensation. Il aura trente ans
pour demander les comptes à son père; et il ne se verra
pas dans la cruelle alternative, ou d'offenser son père
en lui demandant trop précipitamment de lui rendre des
comptes, ou de se voir déchu de son droit.

Enfin, puisque le père administrateur n'est pas grevé
de l'hypothèque légale, et qu'il n'a pas ainsi les charges
spéciales de la tutelle, il est assez juste qu'il n'ait pas
non plus les avantages spéciaux, et que n'étant qu'un administrateur, il soit traité, sous ce rapport, comme le sont
les autres administrateurs et les mandataires en général.

Nous touchons à une des questions les plus contro-
versées de notre matière : c'est celle de savoir si des biens
peuvent être donnés ou légués à un enfant, sous la condition que le père n'en aura pas l'administration.

Une première opinion soutient qu'une pareille condition est, dans tous les cas, essentiellement contraire à
l'ordre public, et que, par conséquent, l'autorité privée
ne peut déroger à ce que la loi considère comme ayant
ce caractère; qu'une pareille disposition aurait pour effet
d'humilier la puissance paternelle, et que c'est pour cela
que la loi ne l'a pas permise. Elle sera donc réputée non
écrite (art. 900). On tire encore un argument *a contrario*
de ce que la loi a décidé pour l'usufruit paternel, en

permettant seulement de priver les père et mère de l'u-
sufruit, la loi, dit-on, défend, par cela même, de leur
enlever l'administration. *Qui dicit de uno, negat de al-
tero.* Un arrêt de la cour de Besançon, du 15 novembre
1807, a confirmé cette doctrine.

Nous la repoussons cependant, en la trouvant trop
absolue, et nous disons qu'une telle condition n'est pas
en soi, et par son seul caractère, nécessairement contraire
à l'ordre public. Nous réduisons la question à une question de fait. Nous suivrons le premier système lorsqu'il
sera bien évident que le testateur n'a eu, en imposant
cette condition, que la volonté d'humilier, de rabaisser
la puissance paternelle, et c'est avec raison que le Par-
lement de Paris, par un arrêt du 9 février 1764, a réputé
non écrite une condition dans laquelle un testateur avait
dit que le père de l'enfant légataire ne pourrait gérer les
biens qu'avec l'assistance de deux conseils désignés par
le testament. De même un arrêt de la Cour de Caen,
11 août 1825, vit une atteinte à la puissance paternelle
dans la condition qui exigeait que l'administration des
biens légués fût confiée à un curateur spécial. Mais si,
au contraire, la disposition du testament n'a pas pour
objet de frapper le père d'incapacité; si le testateur, en
confiant l'administration à un autre, a été déterminé par
des motifs sérieux, raisonnables, légitimes, et par intérêt
pour l'enfant légataire, pourquoi donc ne pas maintenir
la condition ?

Examinons un peu où aboutirait le système adverse.
Sa conséquence la plus directe est d'empêcher un grand
nombre de donations au profit de l'enfant. Qui donc, en
effet, irait léguer à un enfant, soit une usine importante,

soit une grande exploitation quelconque, lorsqu'il n'y aurait aucun moyen pour le donateur d'empêcher que l'administration en fût confiée à des mains inhabiles et inexpérimentées? Qui voudrait donner des capitaux à un enfant dont le père les dissiperait ou les laisserait péricliter? A ces observations là, nos adversaires répondent qu'en vertu de l'art. 444 on aurait la ressource de destituer le père pour inconduite, incapacité et infidélité. Mais n'est-ce pas là une plus grave atteinte à la puissance paternelle que le moyen préventif et modéré que nous proposons d'admettre? Et ne vaut-il pas mieux conjurer le mal que d'avoir à le réprimer? Quant à l'argument *a contrario* que nos adversaires tirent de l'art. 387, on peut soutenir, avec autant de raison, que la faculté d'enlever l'usufruit emporte avec elle la faculté d'enlever l'administration, et il nous fournit aussi bien un argument *a fortiori*, qu'à nos adversaires un argument *a contrario*.

Nous touchons maintenant au véritable point d'appui du système adverse. Admettre, dit-il, une pareille condition, c'est contraire à l'ordre public. Nous allons précisément tâcher de montrer que notre question n'intéresse pas l'ordre public. En effet, parmi les attributs de la puissance paternelle, les uns sont de l'essence même de cette puissance, les autres ne sont qu'accidentels, c'est ainsi que nous trouvons cette même distinction dans la puissance maritale. Au nombre des premiers, nous plaçons le devoir d'obéissance de la part de la femme, la nécessité d'habiter avec son mari, son incapacité de faire certains actes de la vie civile; ce sont là des attributs essentiels et inaltérables de la puissance maritale; on ne saurait y déroger. Il n'en est plus de même, au contraire, de ceux que nous avons appelés accidentels, par exemple l'administration des biens de la femme par le mari; celui-ci peut en être privé sans que la puissance maritale en reçoive aucune atteinte, aucune altération. Nous transportons cette théorie en notre matière, et nous pensons que l'attribut, qui donne au père l'administration des biens de ses enfants, n'est qu'un attribut en quelque sorte accidentel, auquel une volonté expresse peut apporter une dérogation. La preuve en est que le père, et la mère surtout, pourrait, dans certains cas, renoncer à l'administration des biens de l'enfant; or, ils ne peuvent jamais renoncer aux attributs que nous avons nommés essentiels, tels que le droit de garde, de correction, d'émancipation, le droit de consentir au mariage de l'enfant. Une dernière preuve. Au cas de dissolution du mariage, si le père survit et qu'il ne soit pas tuteur, c'est ce dernier qui a l'administration, bien que le père retienne la puissance paternelle. L'administration est donc bien une conséquence naturelle, mais non pas essentielle et inséparable, de la puissance paternelle.

Nous avons reconnu plus haut, avec la jurisprudence et la majorité des auteurs, que le père administrateur n'était pas soumis à l'hypothèque légale. Notre système aura donc au moins l'avantage de fournir un moyen de faire à un enfant une donation à l'abri des abus et de la dissipation du père.

M. Marcadé prétend que l'administration paternelle ne peut appartenir qu'au père, et que l'administration tutélaire peut appartenir à tout le monde. C'est là une solution que nous contestons. En effet, supposons que le père et la mère soient tous les deux dans l'impossibilité d'administrer les biens de l'enfant, à qui donc confierions-nous l'administration ? A une tierce personne ; mais il est bien certain que cette tierce personne ne serait pas tutrice ; car la tutelle, aux termes des art. 389 et 390, ne commence qu'après la dissolution du mariage, arrivée par la mort naturelle ou civile de l'un des époux ; or, les deux époux existent : donc pas de tutelle.

Disons en finissant que nous ne faisons que reproduire le système romain (Nov. 117, ch. I), et personne ne saurait dire que la puissance paternelle est, dans notre droit, plus défavorable au père que dans le droit romain ; là tout était fait en faveur du père, et on donnait cependant notre solution. A plus forte raison devons-nous l'admettre dans une législation qui met toujours en avant l'intérêt de l'enfant.

En suivant ce dernier système, en supposant que le père, privé de l'administration, émancipe son enfant, que va-t-il arriver ? Celui à qui elle a été confiée va-t-il remettre les biens entre les mains de l'enfant, ou les conservera-t-il jusqu'à sa majorité ? La Cour de Dijon, 23 août 1855 et la Cour de Caen, 5 avril 1843, ont rendu deux arrêts contradictoires plus en apparence que dans le fond. Nous pensons que c'est une question à décider d'après l'interprétation probable du disposant et, eu égard aux autres circonstances de fait, par exemple, s'il est bien évident que le père ne voit dans l'émancipation de son enfant qu'un moyen indirect de faire cesser l'administration que le testateur ou le donateur a confiée à un autre qu'à lui.

Jusqu'ici, en parlant de l'administration légale, nous avons toujours supposé que ce droit était exercé par le père. Nous n'avons rien dit de la mère, et cependant elle aussi peut être appelée à administrer les biens de son enfant. En parlant du droit de garde, du droit de correction, nous avons dit que les mots *puissance paternelle* étaient une expression générique désignant à la fois le pouvoir du père et de la mère. Nous avons dit aussi que l'exercice de ce droit était confié au père pour éviter de fâcheux tiraillements et une funeste division pour l'enfant ; mais qu'une fois le père hors d'état de l'exercer, la mère prenait en mains l'exercice de ces droits, et cela non-seulement lorsque le père était mort, mais encore lorsqu'il était dans l'impossibilité physique ou morale de remplir son obligation. Il en est de même pour l'administration légale ; on ne pouvait, en effet, sans nuire aux intérêts de l'enfant, confier l'administration de ses biens à plusieurs ; mais le jour où, pour une impossibilité réelle et sérieuse, le père ne pourra pas rendre à l'enfant le service qu'il en attend, la mère sera là pour le remplacer. Et si l'art. 389 présentait par la rédaction quelques doutes à notre esprit, et nous portait à penser que la mère n'est appelée à l'administration qu'à titre de tutrice, il faudrait nous rappeler qu'il statue *de eo quod plerumque fit;* car il sera rare que la mère, pendant le mariage, soit appelée à administrer les biens de son enfant. De plus, l'art. 141, décidant qu'au cas de disparition du père, la mère aura la surveillance de ses enfants et exercera tous les droits du mari, quant à l'éducation et l'administration de leurs biens, est la preuve la plus évidente de ce que nous avançons.

La solution que nous donnons là a été contestée, au cas où le mari étant interdit judiciairement, sa femme n'est pas nommée tutrice. Lorsque le père interdit aura l'usufruit légal, nous reconnaissons que ce sera le tuteur et non la femme qui aura l'administration des biens ; car la tutelle absorbe alors le droit d'administration , qui appartiendrait à la mère comme tutrice du père usufruitier ; mais, dans le cas contraire, nous ne voyons pas en principe pourquoi on refuserait à la mère l'administration légale, puisque c'est elle qui, à défaut du père, exerce la puissance paternelle.

La mère n'acquiert pas l'exercice de l'administration des biens de l'enfant quand le père se trouve sous le coup de l'art. 335 du Code pénal ; car cet article ne renferme pas cette déchéance du droit d'administrations, et, en matière pénale , on doit strictement interpréter la loi. Nous en dirons donc autant si le père est dégradé civiquement. Nous ne donnons cependant pas la même solution au cas d'interdiction légale. Bien que la loi n'enlève pas au père le droit d'administrer les biens de son enfant nous le lui enlèverons , car il est bien évident que celui qui est incapable d'administrer son propre bien est incapable d'administrer celui d'autrui. Pourquoi prive-t-on l'interdit légal de l'exercice de ce droit? C'est pour empêcher qu'il ne trouve dans l'argent le moyen d'adoucir sa peine. N'arriverait-il pas au résultat même que la loi veut éviter, si on laissait au père interdit légalement l'administration de la fortune de son enfant?

N'admettant pas, comme nous l'avons dit plus haut, que le père puisse se dispenser d'administrer , nous dirons que la mère ne pourrait pas entrer dans l'exercice de son droit au cas où son mari pourrait faire valoir une cause de dispense ou d'excuse. Nous avons dit aussi que nous laissions aux tribunaux une grande latitude pour dispenser de l'administration le père qui ne pourrait pas la continuer sans de graves préjudices; par exemple, un père infirme ou malade pourra être dispensé d'aller administrer un bien qui serait trop éloigné ou demanderait de trop grandes fatigues. Le tribunal prendrait les mesures qu'il croirait convenables. Il en sera de même pour les cas d'exclusion ou de destitution. Leur sentence pourra donc mettre en exercice le droit de la mère, comme aussi elle pourrait appeler à la gestion une tierce personne : c'est ce qui aura lieu, si on craignait qu'en laissant l'administration à la mère, ce ne fût, en fait, le père qui l'exerçât.

Un mot maintenant de l'administration légale quant aux enfants naturels. Ce droit appartient-il aux père et mère naturels ?

Toullier répond que oui, sans donner aucune raison. La négative, au contraire, nous paraît incontestable. D'abord les père et mère naturels ne pourraient avoir l'administration légale qu'en vertu d'un texte, et ce texte n'existe pas. Non-seulement il n'existe pas, mais encore l'art. 389 écrit implicitement qu'ils ne doivent pas l'avoir, quand il dit « le père est, *durant le mariage*, ad-« ministrateur des biens personnels de l'enfant, » et l'article 390 ajoute : « après la dissolution du mariage. »

Les textes sont pour nous ; ajoutons que notre système est le seul logique. En effet, ce n'est que pendant le mariage que le père légitime est administrateur : une fois le mariage dissous, la tutelle est ouverte, Or, le père et la mère naturels ne sont pas mariés, ils sont dans le même état que des époux autrefois divorcés ou que le survivant des époux après le prédécès de son conjoint. L'idée de la loi, en établissant la tutelle, est qu'il faut mettre un tempérament à côté du père ou de la mère, qui n'a plus l'influence de son conjoint pour réprimer les excès ou les abus du pouvoir. Or, dans le cas de père et mère naturels, nous retrouvons cette idée que les époux sont étrangers l'un à l'autre. La surveillance de l'un n'est pas la garantie du pouvoir de l'autre, comme dans le cas de mariage légitime ; alors même qu'ils ont reconnu tous les deux l'enfant, l'un vis-à-vis de l'autre, ils sont étrangers : il y a donc lieu à la tutelle et non à l'administration légale. Ajoutons aussi une considération qui a son importance, c'est que les père et mère naturels ne sont pas en général aussi dignes de la confiance du législateur que les père et mère légitimes. Il est donc bien juste de ne pas donner aux deux les mêmes pouvoirs, les mêmes droits, les mêmes prérogatives.

La grande importance de cette controverse est facile à déterminer. Nous avons refusé , en effet, à l'enfant le droit d'hypothèque sur les biens de son père administrateur légal : il a au contraire hypothèque sur les biens de son tuteur. Nous donnerons donc à l'enfant naturel ce droit d'hypothèque sur les biens de son père ou de sa mère, qui administre ses biens. Il faut donner à l'enfant une garantie qu'il ne peut, hélas ! trouver, comme l'enfant légitime, dans la tendresse de ses parents, dans la légitimité de leur mariage, et dans cet esprit de famille qui sera toujours la base de toute société civilisée.

TITRE III.

Comment finit la puissance paternelle.

En traitant des causes d'extinction de la puissance paternelle, nous distinguerons les causes ordinaires et normales, et celles qui sont accidentelles et exceptionnelles. C'est à peine si nous avons besoin d'énoncer la mort, cette fin éternelle de tout ce qui est. La mort de l'enfant fait cesser la puissance du père : *cessante causa, cessat effectus*. Le père, au contraire, vient-il à mourir ; sa puissance à lui disparaît pour passer sans partage entre les mains de la mère (1); enfin, la mort du dernier survivant des père et mère donne naissance à la puissance tutélaire pure ; les ascendants n'ont plus que quelques débris des droits qui appartenaient au père.

La majorité et l'émancipation sont les deux causes normales et ordinaires d'extinction de la puissance paternelle : c'est l'art. 372 qui nous le dit lui-même.

Rappelons ici que lorsque nous parlons de ces causes d'extinction, nous n'entendons parler, comme tout le monde, que de la puissance paternelle, que nous appel-

---

(1) Le décès de la mère n'amène pas une modification de la puissance paternelle, car ce n'est pas elle qui en a l'exercice : la puissance du père reste la même.

lerions volontiers *civile;* quant à celle que nous nommerions *morale,* nous avons déjà dit qu'elle durait toute la vie. Ce sont de ces vérités qu'il est pour ainsi dire inutile d'écrire.

C'est avec raison que le Code a déterminé une époque fixe à laquelle devait cesser la puissance paternelle. Il a ainsi évité bien des incertitudes et bien des hésitations. De plus, dans la crainte d'avoir posé une règle absolue, il a su tantôt prolonger, tantôt diminuer la durée de cette puissance. Il a su apporter des tempéraments à une règle qui aurait été trop rigoureuse dans certains cas, trop débonnaire dans d'autres. Quant à l'émancipation, c'est un moyen de devancer la majorité : elle n'offre aucune difficulté.

Nous arrivons aux causes d'extinction exceptionnelles qui, frappant la personne des parents, peuvent leur enlever la puissance paternelle : les unes sont certaines, les autres sont contestées.

Il n'existe, dans l'état actuel de nos lois, qu'un seul texte qui prononce cette déchéance, c'est l'art. 335 du Code pénal.

Art. 335, Code pénal. « Si le délit (d'attentat aux « mœurs, etc.) a été commis par le père ou la mère, le « coupable sera ¡de plus privé des droits et avantages, « à lui accordés sur la personne et les biens de l'enfant « par le Code Napoléon. (Lib. I, titre IX.) »

Cette privation de la puissance paternelle, cette déchéance n'a pas besoin d'être prononcée par le juge : c'est une conséquence nécessaire et inévitable du jugement qui aura condamné le père ou la mère convaincu d'attentat aux mœurs. Le juge, en prononçant la peine édictée par l'art. 354, prononce par cela même la déchéance déterminée par l'art. 335.

On s'est demandé si le père ou la mère qui s'est rendu coupable de ce délit envers l'un de ses enfants seulement perdait les droits de la puissance paternelle à l'égard des autres. MM. Duranton et Toullier ont soutenu que oui, en disant que de pareils parents sont indignes de toute confiance et que des actes aussi immoraux doivent entraîner les châtiments les plus graves, la déchéance la plus complète. Malgré la gravité de ces raisons, nous pensons que les droits du père ou de la mère ne sont perdus que vis-à-vis de l'enfant, objet même du délit: le texte de l'article est en notre faveur : « de l'enfant, » dit en effet l'art. 335. En outre, si la doctrine adverse était exacte, il faudrait l'appliquer d'une façon absolue, aux enfants du même lit ou de lits différents, aux enfants déjà nés au moment du délit ou nés postérieurement, et nos adversaires ne sauraient aller jusque-là. Enfin, nous sommes en matière pénale et nous devons entendre la loi restrictivement.

Ce n'est pas là la seule controverse à laquelle l'art. 335 ait donné lieu. On s'est demandé encore si la déchéance était absolue ou si elle ne s'appliquait qu'aux attributions comprises dans le renvoi de notre article, c'est-à-dire aux droits conférés au père par le titre IX du liv. Ier. Quant aux droits énumérés dans les autres parties du Code, tombent-ils sous le coup de l'art. 335 du Code pénal? par exemple, le droit d'émancipation, art. 477, le consentement ou le conseil du père pour le mariage, l'adoption de l'enfant. Nous pensons avec M. Valette que la déchéance est absolue; la raison, l'intérêt public, la volonté probable du législateur nous dictent cette solution. On nous objectera que nous étendons la loi et que nous sommes en matière pénale. Nous répondons que par une raison de méthode ou de clarté, on a écarté de notre titre l'examen détaillé de certains droits; mais les rédacteurs y ont déposé le principe générateur de ces droits, en disant que l'enfant reste sous l'autorité de ses père et mère jusqu'à sa majorité ou son émancipation : ces droits sont donc bien en réalité accordés par le titre de la puissance paternelle, et tombent certainement sous le coup de l'art. 335 du Code pénal.

La dégradation civique n'entraîne pas la déchéance de la puissance paternelle. L'art. 34 du Code pénal énumère en effet limitativement les incapacités qui résultent de la dégradation civique, or il n'y est point question de la puissance paternelle. On ne peut pas conclure de la déchéance de la tutelle à la déchéance de la puissance paternelle, car le premier droit est bien moins important que le second, et d'ailleurs les art. 34 et 42 du Code pénal réservent au condamné le droit d'être tuteur de ses propres enfants, en demandant seulement un avis conforme de la famille.

Quant à l'interdiction légale, prononcée par l'art. 29 du Code pénal, elle n'anéantit certainement pas dans la personne des père et mère le droit de puissance paternelle, mais elle en suspend l'exercice et même la jouissance. Une pareille solution a lieu d'étonner. Quel est en effet le caractère de l'interdiction ? Elle enlève à l'interdit l'exercice, mais non pas la jouissance de ses droits. D'après ce principe nous devrions dire que le père interdit n'aura plus l'exercice de la puissance paternelle, mais qu'il en aura la jouissance. Cette décision est bonne en théorie, en pratique elle est impossible, et nous devons répéter ce que nous avons dit plus haut. Si nous laissons au père la jouissance de son droit, il en aura l'exercice par la force même des choses. En effet, l'autorité paternelle existe surtout dans l'intérêt de l'enfant pour la direction plus ou moins large de celui-ci, et si le père peut très-bien user de sa jouissance dans son propre intérêt, cet usage doit être subordonné à la direction donnée à l'enfant dans l'intérêt de l'enfant. Or, comprend-on d'une part que le pouvoir directeur puisse exister chez une personne qui ne l'exerce pas, et à la place de qui une autre personne l'exercerait ? Cette autorité est essentiellement personnelle : c'est la volonté du père qui peut diriger l'enfant ; mais le tuteur du père interdit ne saurait exercer pour lui ce droit ; il appartiendra à ceux à qui il serait dévolu si l'interdit n'existait plus ou avait perdu complétement la jouissance même de la puissance paternelle. Nous dirons donc que non-seulement l'exercice de la puissance paternelle, mais encore la jouissance est suspendue pendant la durée de la peine ; la loi a dû vouloir d'autant plus suspendre, dans la personne du condamné, l'exercice de cette magistrature domestique, que le plus souvent cet exercice lui serait, même en fait, presque impossible.

Ce que nous disons de l'interdiction légale, nous le disons à plus forte raison de l'interdiction judiciaire, car celle-ci est fondée sur une incapacité naturelle et on en peut raisonner scientifiquement.

Abordons maintenant une question des plus délicates Supposons que le père ne tombe pas sous le coup de l'art. 335 du Code pénal, pourra-t-il donc impunément user de son pouvoir ou bien, au contraire, l'abus de son droit ne deviendra-t-il pas pour lui une raison de le perdre? Précisons; par exemple il se livre envers son enfant à des violences et à des mauvais traitements qui pourraient compromettre son intelligence ou même sa vie, ou bien la maison paternelle n'est qu'un lieu de débauche.

D'abord, il est incontestable que le parent sera poursuivi criminellement ou correctionnellement par le ministère public; il serait inouï, comme le dit M. Demolombe, que la qualité même qui rend le méfait plus odieux, devînt un titre d'impunité. Le coupable est donc puni, mais une fois qu'il a subi sa peine, va-t-on lui rendre son enfant, qu'il maltraitera peut-être encore davantage par un sentiment de vengeance et de haine? Non, il est bien certain que le législateur n'a pas voulu établir l'autorité paternelle comme un pouvoir absolu et tyrannique pouvant méconnaître tous les droits de ses enfants. Au contraire, il est dit presque à chaque page des travaux préparatoires que les père et mère exercent leur pouvoir sous le contrôle des tribunaux. Ou bien ces mots sont vides de sens, ou bien ils fondent pour les tribunaux le droit de réprimer les abus de la puissance paternelle, par divers moyens proportionnés à la gravité de ces abus. De tout temps, et particulièrement dans notre ancienne jurisprudence, ce pouvoir de haute surveillance, ce pouvoir modérateur a été reconnu et exercé : tous nos anciens auteurs nous le disent, et un grand nombre d'arrêts des parlements en font également foi. Si le Code Napoléon n'en a rien dit, c'est qu'on n'a pas voulu s'occuper d'abord des détails, ni des questions isolées. Nous trouvons cependant un argument bien puissant dans l'art. 444, qui exclut de la tutelle les gens d'une inconduite notoire, ou ceux dont la gestion attesterait l'incapacité ou l'infidélité; cet article s'applique certainement au père ou à la mère tuteur. Cela posé, la raison exige qu'on l'étende, par une sorte d'application utile, au père, même pendant la durée du mariage; càr il serait inouï que le père conservât la garde de ses enfants dans les circonstances prévues par l'art. 444, lorsqu'un tuteur ne conserverait pas la garde du mineur.

Toutefois ne donnons pas une portée exagérée à notre théorie, et n'allons pas dire (1) que lorsque le père est indigne de la tutelle, il est également indigne de la puissance paternelle et qu'il n'en doit conserver aucune sorte de droits ou de bénéfices. En effet, la puissance paternelle est attribuée par la loi elle-même au père ou à la mère, et le texte de la loi seul peut la leur enlever, et, hormis l'art. 335 du Code pénal, aucune loi ne prononce cette déchèance; donc les tribunaux n'ont pas le droit de les en destituer. Ils n'ont qu'un droit de contrôle; ils remédieront aux abus de la puissance paternelle, ils en limiteront les excès; mais cette répression doit avoir pour mesure et pour limite la nécessité même qui en est la cause. Ainsi les tribunaux ne pourraient pas, quelle que fût l'indignité du père ou de la mère, lui enlever, en quelque sorte préventivement, la puissance paternelle, si cette indignité n'était pas telle qu'elle compromît la personne des enfants, leur bonne éducation physique et morale. Lors même que le père ou la

_____

(1) M. Vazeille, *Du mariage*, tome II, page 341.

mère commettrait des abus dans l'exercice de l'un des droits de la puissance paternelle, les tribunaux ne pourraient pas lui enlever ses autres droits dans l'exercice desquels il ne serait pas reprochable. Manque-t-il au droit de garde, cela n'entraînera pas pour lui la privation du droit d'éducation. Si l'éducation est mauvaise aussi, on l'enlèvera aux parents ; mais on leur laissera le droit de consentir aux divers actes de la vie civile de leur enfant, car il est possible qu'ils l'aiment toujours et aient encore assez d'expérience et de droiture pour ne pas compromettre son avenir.

On voit donc avec quels ménagements on doit admettre cette intervention des tribunaux ; restreinte dans de justes limites, elle est la plus sûre des garanties ; trop étendue, elle deviendrait la plus dangereuse des usurpations.

POSITIONS.

DROIT ROMAIN.

I. Lorsque pendant que l'héritier institué par le fils délibère, un esclave du pécule *castrense* fait une stipulation, la stipulation, valable d'après Ulpien (D., loi 33, pr., *De acquir. rerum dominio*), est nulle d'après Papinien (loi 14, § 1, *De cast. peculio*).

II. L'objet donné ou légué par une femme à son mari militaire, à la condition que cet objet fera partie du pécule *castrense*, n'entre pas néanmoins dans ce pécule (D., loi 8, *De cast. peculio*). Au contraire, lorsque le mari a été institué héritier par sa femme, l'hérédité fait partie du pécule *castrense*. Cette décision s'explique par une faveur spéciale que les jurisconsultes avaient refusé d'étendre.

III. Le père peut revendiquer son fils, *adjecta causa*, ce qui signifie qu'il doit dans l'*intentio* exprimer le rapport de puissance paternelle (*sic*, loi 1, § 2, *De rei vindicatione*).

IV. Lorsqu'une donation entre vifs dépassant le taux

fixé par la loi Cincia avait été exécutée, le donateur n'avait pas de *condictio sine causa* pour répéter l'excédant.

V. Le fils de famille, mineur de vingt-cinq ans, ne peut pas se faire restituer *in integrum* contre un *mutuum* contracté *jussu patris* (*sic*, loi 3, § 4, *D., De minoribus*).

VI. Les *onera* dont parle la loi 45, D., (*De adoptionibus*), sont les *onera matrimonii*.

VII. Suivant le jurisconsulte Paul, les enfants de celui qui se donnait en adrogation subissaient la *minima capitis diminutio* (D., loi 3, pr., *De capite minutis*). Rien ne prouve que telle ne fût pas la doctrine de tous les jurisconsultes romains.

———

DROIT FRANÇAIS.

I. La mention d'une filiation adultérine ou incestueuse dans un acte de naissance ne produit aucun effet.

II. La mère n'a droit à l'usufruit légal que du jour de la dissolution du mariage.

III. La prohibition absolue de l'usufruit paternel par le disposant comprend la réserve de l'enfant.

IV. L'usufruitier légal est responsable des détériorations qu'ont subie les meubles, même indépendamment de son fait ou de sa faute.

V. Lorsque le survivant des père et mère n'a pas fait dans les trois mois l'inventaire prescrit par l'art. 1442, C. Nap., il n'est pas nécessairement déchu de l'usufruit légal, si l'inventaire tardivement dressé est reconnu fidèle et exact par les tribunaux.

VI. Les servitudes continues et apparentes ne sont pas susceptibles de s'acquérir par la prescription de dix ou de vingt ans.

VII. Lorsqu'une créance de la succession est mise pour le tout dans le lot de l'un des héritiers, il n'y a pas lieu d'appliquer à cette attribution l'effet déclaratif du partage.

VIII. Le donateur, au cas d'inexécution des charges apposées à la donation, n'a qu'une action en révocation.

IX. Un jugement rendu au pétitoire peut servir de base à la jonction des possessions.

DROIT PÉNAL.

I. Les circonstances qui sont de nature à influer sur la qualification légale du crime étendent aux complices leur effet aggravant, bien qu'il dérive des qualités personnelles à l'auteur principal.

II. Le père ou la mère privée de la puissance paternelle, en vertu de l'art. 335 du Code pénal, ne perd cette puissance qu'à l'égard de l'enfant victime du délit.

DROIT ADMINISTRATIF.

I. En cas d'expropriation pour cause d'utilité publique, le fermier ou locataire a droit à une indemnité, lors même que son bail n'a pas date certaine.

II. Les art. 30, 31, 32, de la loi du 16 septembre 1807 sont encore en vigueur.

DROIT DES GENS.

Une puissance neutre, qui se rend adjudicataire d'un navire capturé sur une puissance belligérante, ne fait pas acte d'hostilité.

HISTOIRE DU DROIT.

L'appel en droit romain a son origine, non pas dans la *provocatio,* mais dans l'*appellatio* et dans l'*intercessio.*

Vu par le Président de la thèse,
BONNIER.

     Vu par le Doyen de la Faculté,
      C. A. PELLAT.

Permis d'imprimer :

   Le Vice-Recteur de l'Académie,
    A. MOURIER.

TABLE.

—

DROIT ROMAIN.

		Pages.	
Introduction		5 à	9
TITRE I. — Comment naît la puissance paternelle. Au profit de quelles personnes et sur qui elle s'exerce.		10	19
TITRE II.— Des attributs de la puissance paternelle		20	
CHAPITRE I. — Effets de la puissance paternelle quant à la personne de l'enfant		20	
Section I. — Droit de vie et de mort		21	30
Section II. — Droit de vente		30	35
Section III. — Abandon noxal		35	37
Section IV. — Droit de puissance dans l'intérêt du fils.		37	46
CHAPITRE II. — De la puissance paternelle relativement aux biens		46	
Section I. — Du pécule castrense		47	49
§ 1. — Ce qui compose le pécule castrense		49	57
§ 2. — Droits du fils sur le pécule castrense		57	61
§ 3. — Droits du père sur le pécule castrense		61	72
Section II. — Du pécule quasi-castrense		72	74
Section III. — Du pécule adventice		74	79
§ 1. — Droits du père et du fils sur le pécule adventice ordinaire		79	83
§ 3. — Droits du père et du fils sur le pécule adventice extraordinaire		84	87
TITRE III. — Comment finit la puissance paternelle		88	96

Pages.

ANCIEN DROIT.......................... 97 à 105

DROIT FRANÇAIS.

Introduction... 107 112

TITRE I. — Comment naît la puissance paternelle 113 119

TITRE II. — Des attributs de la puissance paternelle....... 120

    CHAPITRE I. — De la puissance paternelle quant à la personne............................. 120 121

    Section I. — Droit d'éducation.................. 121 138

    Section II. — Droit de garde.................... 138 146

    Section III. — Droit de correction................. 146

        § 1. — Pouvoir correctionnel du père........... 147 165

        § 2. — Pouvoir correctionnel de la mère........ 165 176

    CHAPITRE II. — De la puissance paternelle quant aux biens. — Du droit d'administration paternelle en particulier.......... 176 217

TITRE III. — Comment finit la puissance paternelle..... 218 227

Positions... 227 230